일러두기

• 이 책은 2014년 초반 발행된 것으로, 본문 내용이 당시 이케아의 상황을 바탕으로 쓰였음을 밝힙니다.

Ingvar Kamprad

캄프라드,
모험 없이는
이케아도 없지

내가 꿈꾸는 사람 _ 기업가
Ingvar Kamprad

캄프라드, 모험 없이는 이케아도 없지

초판 1쇄	2014년 11월 17일
초판 4쇄	2023년 02월 17일

지은이	노경목

책임편집	문은영
마케팅	강백산, 강지연
표지디자인	권석연
본문디자인	유민경

펴낸이	이재일
펴낸곳	토토북
주소	04034 서울시 마포구 양화로11길 18 3층 (서교동, 원오빌딩)
전화	02-332-6255
팩스	02-332-6286
홈페이지	www.totobook.com
전자우편	totobooks@hanmail.net
출판등록	2002년 5월 30일 제10-2394호
ISBN	978-89-6496-219-0 44990

ⓒ 노경목, 2014

내가 **꿈꾸는 사람** _기업가

Ingvar Kamprad

캄프라드, 모험 없이는 이케아도 없지

글 노경목

티ᄆ

재미있지만 시련도 많은 창업의 길, 그 복잡한 의미를 이해하는 데 도움이 되기를

요즘은 대학을 나와도 취업이 어렵다는 말을 많이 합니다. 지금처럼 힘들게 공부해서 대학을 가더라도 미래가 보장되지 않는다니요. 많은 10대 독자에게는 억울한 일일 겁니다. 몇몇 어른들은 "취업이 안 된다고 좌절하지만 말고 창업에 나서라."고 채근도 하지만, 창업도 말처럼 쉬운 일이 아닙니다. 자칫 실패했을 때 치러야 할 대가가 만만치 않기 때문입니다.

그럼에도 창업을 꿈꾸는 친구가 있다면 세계적인 가구업체 이케아를 창업한 잉바르 캄프라드를 주목해볼 필요가 있습니다. 캄프라드가 처음 창업에 뜻을 품었을 때는 여러분보다 더 어린 나이였습니다. 사는 곳은 스웨덴 시골인 데다 지금처럼 인터넷이 있지도 않은 시절이라 창업과 관련한 정보를 얻을 기회도 없었습니다. 그렇다고 부모가 돈이 많아 사업 자금을 마음껏 쓸 수 있었던 것도 아닙니다. 캄프라드는 사업에 필요한 노하우를 홀로 터득해야 했습니다. 이렇게 여러 조건을 늘어놓고 보면 캄프라드는 여러분보다 여러 가지로 불리한 조건에 놓여 있었습니다.

이런 상황에서도 캄프라드는 어린 시절부터 주위 친척들에게 상품을 팔며 장사에 재미를 붙였고, 고등학교 때는 학교 친구들에게 학용품을 팔기도 했습니다. 학교를 졸업하고는 여러분의 방보다도 더 작은 창고에 이케아를 세우고 전화로 주문받은 상품을 고객들에게 우편으로 배송하며 기업가로서 첫걸음을 내딛었습니다.

이렇게 캄프라드의 삶을 따라가다 보면 자신만의 사업을 시작한다는 것이 그리 어렵지 않아 보입니다. 때로는 아주 재미있는 일 같아 보이기도 합니다. 캄프라드 역시 자신의 일을 즐겼으니까요.

하지만 캄프라드가 겪었던 시련도 기억할 필요가 있습니다. 이케아에 뒤처진 경쟁자들이 그의 발목을 잡아, 캄프라드는 고향인 스웨덴에서 멀리 떨어진 해외에서 가구를 사와야 했습니다. 또, 기업가에게 불이익을 주는 불합리한 제도에 맞서 자신이 태어난 조국을 떠나 다른 나라로 이주해야만 했습니다.

어떤 면에서는 캄프라드가 본받을 만한 사람인지 의심이 들 수도 있습니다. 이케아의 성공적인 성장의 이면에는 무수한 스웨덴 중소 가구업체의 몰락이 있었으니까요. 정부는 골목상권을 보호하기 위해 대형마트의 영업 시간을 규제했습니다. 사실 이케아야말로 세계 구석구석에서 중소 가구 판매점을 문 닫게 만든 가구계의 대형마트인 셈입니다. 스웨덴을 버린 것도 관점에 따라서는 세금을 내기 싫어 해외로 도피한 것으로 볼 수도 있습니다.

그러나 이케아 덕분에 세계의 소비자들은 훨씬 싼값에 가구를 살 수 있게 됐습니다. 또, 42개국에서 16만 명 가까운 사람이 이케아의 울타리 안에서 생계를 유지하고 있습니다. 이케아 매장의 레스토랑과 식재료 판매점은 스웨덴의 문화와 생활을 세계인에게 소개하는 민간외교 창구가 되고 있습니다.

캄프라드의 삶을 따라가며 여러분이 앞으로 좇을 꿈을 정하고 이루도록 노력하는 데 이 책이 작은 도움이 됐으면 좋겠습니다. 아울러 캄프라드와 이케아가 그랬듯, 복잡한 성격이 섞인 기업가와 기업의 의미를 조금이나마 이해하는 데에 도움이 될 수 있었으면 좋겠습니다.

노경목

머리말
재미있지만 시련도 많은 창업의 길,
그 복잡한 의미를 이해하는 데 도움이 되기를   004

프롤로그
모스크바에 나타난 수상한 노인,
이케아 창업자 잉바르 캄프라드를 아시나요?   010

1

Ingvar Kamprad

공부?
못해도 괜찮아

장사의 소질을 발견한 유년 시절   016

캄프라드와 함께 알아보는 스웨덴 이야기
스웨덴의 교육제도가 궁금해요   028

장사가 좋아! 고등학생 때 문을 연 이케아   030

기술발전에서 기회를 찾다   037

캄프라드와 함께 알아보는 경제 용어
블루오션과 레드오션   044

2
Ingvar Kamprad

고객만 바라보고 극복한 어려움

발상의 전환으로 견제를 이겨내다　056

누구나를 위한 가구　063

자리 잡는 '이케아 스타일'　074

스웨덴을 넘어 세계로　089

캄프라드와 함께 알아보는 경제 이야기
발전 단계로 보는 이케아의 성장기　103

3
Ingvar Kamprad

끝까지 너의 꿈을 좇아라

조국을 버리면서까지 사랑한 이케아　108

자식도 이케아를 망치지 못하도록　118

캄프라드가 창조한 세상　128

캄프라드와 함께 알아보는 기업 이야기
이케아를 이케아답게 하는 것들　140

4
Ingvar Kamprad

캄프라드 따라 창업하기

롤 모델을 정해라　150

세상의 변화를 주시하라　166

작은 걸음이라도 한발 내딛어라　180

모스크바에 나타난 수상한 노인,
이케아 창업자 잉바르 캄프라드를 아시나요?

2000년 3월 러시아에서 처음으로 문을 연 이케아 모스크바 매장에 수상한 노인이 나타났습니다. 커다란 사각형 안경을 쓰고, 말끔히 면도한 턱과 광대뼈가 두드러진 얼굴입니다. 낡은 점퍼에 헐렁한 바지를 입은 노인은 입술을 굳게 다물고 뒷짐을 진 채 느릿느릿한 걸음으로 매장 이곳저곳을 둘러보고 있습니다. 걸음걸이는 느리지만, 시선은 위아래 좌우로 쉴 새 없이 매장을 훑습니다.

가족과 함께 매장을 찾은 젊은 고객들 사이에서 노인은 한눈에 봐도 튑니다. 더 이상한 점은 행동입니다.

"이 탁자는 좀 사용하기 불편한 거 같지 않아?", "책장 진열대는 왜 이렇게 찾기가 어려운 거지?", "이건 좀 메모를 해야겠는데 펜이 어디 간 거야?" 보이지 않는 상대와 끊임없이 대화하듯 혼잣말을 하며 매장을 꼼꼼하게 살펴봅니다.

그러다 혼자 놀기가 지쳤는지 계산대에 물건을 들고 서 있는 고객들에게 말을 겁니다. 어눌한 러시아어로 이것저것 캐묻습니다. "그 의자 얼마에 샀소?", "좋은 탁자를 샀구려. 그런데 가격은 만족하시오?" 그러더니 저녁에는 계산대 뒤에서 팔을 걷어붙이고 물품 포장을 돕습니다. 그렇게 노인은 이케아 매장 입구의 셔터가 올라가는 아침 6시부터 문을 닫는 밤 10시까지 시간을 보냅니다.

신기한 것은 이것뿐만이 아닙니다. 독일 뮌헨에서도, 미국 텍사스에서도 새로 문을 연 이케아 매장 곳곳에서 이 이상한 노인을 목격했다는 이야기가 줄을 잇습니다.

이 노인의 정체는 뭘까요? 독자 여러분이 2014년 말 한국에 문을 연 이케아 매장에서 이 수상한 노인을 만났다면 사인을 부탁하는 게 좋을 뻔했습니다. 그는 바로 스웨덴의 작은 가구 회사 이케아를 2013년 기준 42개 나라에 345개 대형 판매점을 갖춘 글로벌 기업으로 키운 기업가 잉바르 캄프라드니까요.

캄프라드가 열일곱 살 되던 해인 1943년, 자신의 고향인 스웨덴 시골 농장 엘름타리드에서 창업한 이케아는 이제 단순한 기업을 넘어 하나의 독특한 현상이 되고 있습니다. 이케아의 조립식 가구를 구입해 직접 조립한 소비자들이 제품에 더 애착을 느끼는 '이케아 효과'가 경영학 교과서에 등장할 정도죠.

가는 곳마다 저렴한 가구 판매로 소비자들의 환호와 경쟁자들의 탄식을 동시에 듣는 기업, 15만 1000명을 고용하고 한해 7억 7500만 명이 찾는 세계 최대 가구 판매 체인, 가구 이상으로 매장 내 식당에서 파는 미트볼이 더 유명한 괴짜 회사. 묘사하는 말의 다양성만큼이나 이케아는 매력적인 기업입니다.

캄프라드는 어떻게 맨손으로 이 같은 회사를 일궜을까요? 그에게 뭔가 특별한 비밀이 있었던 건 아닐까요? 그는 어떤 청소년기를 보냈기에 젊은 시절부터 기업가의 길을 걸을 수 있었던 걸까요? 한국에서는 이케아와 같은 기업을 창업할 수 없는 걸까요? 그렇다면 그 주인공이 혹시 이 책을 읽고 있는 여러분이 되는 게 아닐까요?

이 책의 마지막 장을 덮을 때쯤 이 모든 질문에 대한 해답을 얻어 가시기 바랍니다. 그럼 출발하겠습니다!

공부?
못해도 괜찮아

장사의 소질을 발견한 유년 시절

10대에 실패를 맛본 사람들은 크게 좌절하곤 합니다. 그 전에 실패를 맛볼 기회가 없었던 만큼, 작은 실패도 세상을 잃은 것처럼 크게 느껴지기 때문입니다. 빠르게 늘고 있는 10대 자살률은 좌절의 깊이가 만만치 않음을 보여줍니다. 캄프라드도 고등학교 입시에서 실패를 맛보며 또래들과 비교해 일찍 좌절을 겪었습니다. 하지만 캄프라드는 학교 성적이나 진학에서 맞닥뜨린 어려움 때문에 주저앉지 않았습니다. 평생 하고 싶은 일을 일찍 발견했기 때문입니다.

다섯 살에 시작한 장사

"잉바르, 오늘은 또 무엇을 팔려고 왔니?"

"할머니! 오늘 팔 물건은 크리스마스카드예요. 트리 그림이 정말 멋지죠? 한 장에 3외레스웨덴의 화폐 단위예요. 아주 특별한 카드라서 가격이 좀 비싸요. 그래도 할머니 친구들한테 보내면 좋을 거예요. 한 장 사세요!"

"음, 물건은 괜찮은 거 같은데 조금 비싸구나. 2외레에 주면 어떨까?"

"좋아요! 지난번 성냥은 괜찮은 값을 쳐주셨으니 이번에는 특별히 좀 깎아드릴게요. 여기 카드 받으세요."

기나긴 북유럽의 겨울, 그중에서도 침엽수가 우거진 스웨덴 남부 스몰란드Småland의 겨울은 특별히 깁니다. 여러분, 혹시 어릴 적에 동화《닐스의 모험》과《내 이름은 삐삐 롱스타킹》을 읽어보셨나요? 그 동화의 배경이 바로 이곳, 스몰란드랍니다. 아름다운 숲과 군데군데 자리 잡은 호수로 유명하지만, 농사를 짓기에는 척박한 지역입니다. 그만큼 사람들의 생활수준은 보잘것없었죠.

이 책의 주인공 잉바르 캄프라드는 1926년, 스몰란드에서도 작은 마을인 아군나리드Agunnaryd에서 6km 떨어진 곳에 있는 외딴 농장인 엘름타리드Elmtaryd에서 태어났습니다.

공부? 못해도 괜찮아

스몰란드의 울창한 숲과 스몰란드의 위치

컴퓨터는 물론 텔레비전도 없던 시절이었지만, 이 시골 농장에서 캄프라드는 하루가 어떻게 가는지 몰랐습니다. 다섯 살 때부터 장사에 재미를 붙이기 시작했거든요. 상점을 운영하던 외할아버지와 이모의 도움으로 캄프라드는 스톡홀름의 한 가게에서 성냥 100갑을 싼값에 사들인 뒤 동네 사람들에게 팔았습니다. 하나당 1외레스웨덴의 화폐 단위. 우리나라 돈으로 약 1원 49전도 안 되는 가격에 샀지만 2외레, 때로는 5외레에 팔기도 하며 물건 팔아 돈 버는 재미를 익혔습니다.

성냥 100갑으로 시작된 캄프라드의 장사는 크리스마스카드, 벽걸이 장식품, 생선, 볼펜 등 점차 다양한 물건을 팔면서 계속 이어졌습니다. 가끔은 숲속에서 직접 딴 크랜베리를 팔기도 했죠.

어린 캄프라드의 첫 번째 고객은 항상 그의 할머니, 프란치스카였습니다. 캄프라드가 태어나기도 전에 일찍 세상을 떠난 할아버지를 대신해 엘름타리드 농장을 이끌던 할머니는 주변 사람에게는 엄격했지만 어린 손자 캄프라드에게만은 늘 따뜻하게 대했습니다. 그가 어떤 물건을 가지고 오든, 프란치스카는 조금씩이라도 물건을 사주었습니다. 새로 들여온 물건을 할머니에게 팔아 자신감을 얻은 캄프라드는 자전거를 타고 이웃 농장을 찾아다니며 장사를 했습니다. 가까운 곳에 가게가 없는 외딴 시골 마을이라, 조그만 물건이라도 살라치면 먼 길을 걸어 읍내에 나가야 했던 이웃

공부? 못해도 괜찮아

들도 캄프라드가 파는 물건이라면 기꺼이 사곤 했습니다.

지금 한국이라면 어린이집에 다녀야 할 나이에 캄프라드가 장사를 해서 돈을 벌어야겠다고 생각한 이유는 무엇일까요? 어린 캄프라드에게 돈이란, 가족을 비롯해 가까운 이들의 꿈을 이루어 줄 수 있는 수단이었습니다.

아버지 페오도르는 캄프라드를 데리고 농장 이곳저곳을 산책하며 자신의 이야기를 들려주는 걸 즐겼어요. 아버지의 이야기를 들으면서 캄프라드는 돈이 어떤 의미를 갖는지 차츰 알게 됐습니다. "여기서 호수까지 이어지는 길을 냈으면 좋겠지만 지금 당장은 돈이 충분치 않단다."

아버지의 얘기를 들으며 캄프라드는 속으로 다짐했습니다. '아버지의 꿈을 이루려면 돈이 필요하구나. 아버지를 도우려면 나부터 조금씩이라도 돈을 벌어야겠어. 그러면 언젠가 아버지가 하고 싶어 하는 것들도 이룰 수 있겠지?'

또래 아이들과 함께 호수에서 낚시하는 법을 배울 때도 캄프라드는 물고기를 잡아 어떻게 하면 팔 수 있을지를 먼저 생각했습니다. 열한 살에는 씨앗 가게에서 채소 씨앗을 한 자루 사서 작은 봉투에 나눠 담은 뒤 이웃 농장을 돌며 팔기도 했습니다.

이렇게 장사해서 돈 버는 일에 관심이 많았지만 어릴 적 캄프라드는 의외로 게으른 소년이었습니다. 아버지가 아침마다 농장에

스몰란드의 전통적인 농가

아군나리드 마을

서 소젖을 짜는 일을 맡겼지만, 캄프라드는 잠자리에서 좀처럼 일어나지 못했습니다.

"이렇게 게을러서야 도대체 무슨 일을 할 수 있겠냐?"

아버지는 캄프라드를 꾸짖고는 생일날, 당시에는 귀한 알람 시계를 선물했습니다. 시계를 받아든 캄프라드는 일어날 시간을 맞추고는 알람 끄기 버튼을 아예 없애버렸습니다. 세상을 떠나기 전까지도 회사에서 일어나는 일을 하나하나 꼼꼼하게 챙기던 부지런함은 이때부터 시작됐다고 말하는 사람들도 있습니다.

세월이 흘러 1945년, 열아홉 살이 된 캄프라드가 10대의 마지막을 보내고 있을 때 할머니 프란치스카가 세상을 떠났습니다. 유품을 정리하려고 할머니가 생전에 쓰던 책상을 열었을 때, 캄프라드에게 산 물건들이 고스란히 남아 있었습니다. 그리고 그곳에는 다섯 살에 첫 장사를 시작한 손자를 도우려는 할머니의 따뜻한 마음도 남아 있었습니다.

나의 롤 모델은 성냥왕

생애 첫 사업 품목이 성냥이었기 때문일까요? 어릴 적 캄프라드는 당시 '성냥왕'으로 불리던 스웨덴 기업가 이바르 크뤼거를 우상으로 삼았습니다.

어린 캄프라드의 우상이었던 '성냥왕' 이바르 크뤼거

"너는 커서 어떤 사람이 되고 싶니?" 어른들이 물을 때마다 어린 캄프라드는 서슴없이 "나는 이바르 크뤼거처럼 큰 기업을 경영하는 사람이 될 거예요."라고 말했습니다.

캄프라드와 마찬가지로 스웨덴 남부에서 태어나 자수성가한 이바르 크뤼거1880~1932는 젊은 시절 미국과 아프리카 등지에서 새로운 공법을 적용한 건축 사업으로 큰돈을 벌었습니다. 제1차 세계대전이 끝나고 유럽으로 돌아온 그는 당시 빠르게 팽창하던 성냥 시장에 주목하고 '스웨디쉬 매치'라는 성냥회사를 세웠습니다. 스웨덴은 물론, 유럽의 다른 나라로 진출하며 가는 곳마다 제품을 싸게 팔아 경쟁자를 주저앉히는 방법으로 시장을 확대했습니다. 스웨디쉬 매치가 전성기일 때는 유럽과 중남미 33개국에 걸쳐 성냥 사업을 독점하고 세계 성냥 생산의 60%를 좌우하는 거대 기업으로 성장했습니다.

이바르 크뤼거는 성냥 사업 외에도 광산과 제련소, 종이 산업, 산림 산업에, 지금도 휴대전화 회사로 유명한 에릭슨까지 자회사로 거느리며 사업을 확장했습니다. 원칙 없이 지나치게 많은 사업을 한꺼번에 하는 '문어발식 확장'을 한 것이죠.

이렇게 잘나가던 크뤼거는 1932년 3월 파리의 한 호텔에서 자살로 추정되는 시체로 발견됩니다. 갑작스러운 대기업 총수의 죽음에 스웨덴은 물론 많은 나라의 국민이 충격에 빠졌습니다.

하지만 문제는 오래전부터 잉태되고 있었습니다. 크뤼거는 은행이나 다른 부자들에게 돈을 빌려 사업을 확장했는데 이 과정에서 자신의 사업이 실제보다 훨씬 가치 있는 것인 양 부풀렸던 겁니다.

무슨 뜻인지 모르겠다고요? 예를 들어볼까요? 철수가 영희에게 200원을 빌리고 "내일까지 갚지 못하면 어제 새로 산 300원짜리 지우개를 대신 줄게." 하고 약속했다고 생각하자고요. 그런데 철수가 주겠다고 한 지우개가 실제로는 100원에 산 것이라면? 철수가 돈을 갚지 않으면 영희가 지우개를 가져가더라도 100원을 손해보는 셈이 됩니다.

크뤼거에 돈을 빌려줬던 투자자들과 은행도 영희와 똑같은 처지가 됐습니다. 마침 세계 대공황까지 닥치면서 자금 사정이 어려워진 은행들이 앞다투어 빌린 돈을 갚으라고 요구했고, 크뤼거는 더욱 궁지에 몰렸습니다. 결국 자기가 가진 재산과 기업을 다 합쳐도 빌린 돈을 갚을 수 없게 된 크뤼거는 극단적인 선택을 한 것입니다. 그리고 같은 해에 그의 파란만장한 생애는 〈성냥왕〉이라는 영화로 만들어져 큰 인기를 끌었습니다.

존경하던 우상의 몰락은 어린 캄프라드에게 큰 충격으로 다가왔습니다. 하지만 한편으로는 캄프라드가 나중에 이케아를 세우고 경영하는 과정에 참고할 교훈이 되기도 했습니다.

공부? 못해도 괜찮아

'남의 돈을 끌어들여서 무분별하게 사업을 확장하면 회사도 죽고 기업가도 죽는구나!'

캄프라드는 이 교훈을 가슴 깊이 새겼습니다. 캄프라드의 마음 속에 누구도 무너뜨릴 수 없는 오래가는 기업을 세우겠다는 생각이 자리 잡기 시작한 것도 이때부터입니다. 그리고 이는 은행이건 투자자건 다른 사람에게 돈을 빌려 투자하는 것을 극도로 기피하고 가구 판매와 관련 있는 사업에만 집중하는 이케아의 경영 철학으로 뿌리내리게 됐습니다.

생애 첫 실패, 고등학교 입학시험 낙방

이렇게 캄프라드는 일찍부터 사업과 돈 버는 일에 관심이 많았지만, 공부를 잘하는 학생은 아니었습니다. 장사를 하며 셈을 익힌 덕분에 수학 실력은 그럭저럭 괜찮았지만, 단어나 지명을 암기하는 능력은 형편없었거든요.

때문에 캄프라드는 열다섯 살이 되던 1941년에 치른 고등학교 입시에서 쓴잔을 마시게 됩니다. 한국의 마이스터 고등학교처럼 인기가 높던 직업학교로 진학하는 데 실패한 것이죠. 원하는 학교에 못 가게 된 캄프라드는 모든 학생을 기숙사에서 생활하게 하는 또 다른 직업학교로 진학했습니다. 처음에 캄프라드가 가고 싶어 했던 직업학교는 경쟁률이 높아서 캄프라드의 실력으로는 합격하기가 쉽지 않았지만, 어쨌든 어린 나이에 좌절을 경험하게 된 셈입니다.

하지만 캄프라드는 좌절에 빠져 있지만은 않았습니다. 오히려 기숙사를 무대로 자기가 어린 시절부터 해왔던 장사에 더욱 재미를 붙였습니다.

흔히 행복은 성적순이 아니라고 합니다. 정말 좋아하고 잘하는 일만 하나 있다면 돈 버는 일도, 성공도 성적순이 아니라는 뜻이지요. 캄프라드가 걸어간 길을 보면, 청소년기의 불행과 실패도 자기가 하기에 따라서는 다른 성공을 향해가는 발판이 된다는 점을 알 수 있습니다.

스웨덴의 교육제도가 궁금해요

스웨덴 교육제도의 목표는 '평등과 균등한 기회 제공'으로 요약됩니다. 19세기부터 20세기 초까지 빈부격차가 심해져서 나타난 여러 사회적 문제를 해결하기 위한 조건으로 '누구든 교육받을 수 있는 사회'라는 목적을 설정했기 때문입니다. 이를 실현하기 위해 스웨덴에서는 유치원부터 대학교까지 학비는 물론, 교재 등 수업 준비물과 급식까지 국가가 부담합니다.

초등학교를 9년 동안 다녀야 한다는 점도 한국과는 다른 스웨덴 교육의 특징입니다. 중학교 교육과정까지 초등학교 교육과정에 포함돼 만 7세부터 16세까지 초등학교에서 교육받습니다. 점수나 등급으로 학생들의 성적을 평가하지 않고 9학년 때 치르는 시험을 통해 성적표가 나옵니다. 어떤 종류의 고등학교에 진학할지도 이때 결정합니다.

고등학교는 대학 입시나 학문 공부에 치중하는 일반 고등학교와 특정 기술을 연마하는 기술학교, 학생들에게 여러 직업 체험 기회를 줘서 원하는 직업을 고르도록 하는 직업학교 3가지로 나뉩니다. 학생들은 상대적으로 많은 학교를 놓고 선택할 수 있어 원하는 고등학교에 진학하지 못하는 경우는 거의 없습니다. 많은 고등학교가 기술 및 직업교육을 중심으로 교육하고 있어 스웨덴 사람들은 대학까지 진학할 필요성을 별로 못 느낍니다. 고등학생의 40% 남짓만 대학교에 진학하는 것도 이 같은 이유에서입니다.

사회에서 일한 경험이 있는 사람에게 대학 입학 시 특혜를 부여하는 경우가 많아서, 직장 생활을 하다 대학에 진학하는 사람이 많다는 점도 스웨덴 교육의 또 다른 특징입니다.

이렇게 보면 스웨덴 교육제도가 훌륭해 보이지만, 학생들에게 균등한 기회를 주는데 신경 쓰다 보니 실력 있는 학생들이 더 높은 수준의 교육을 받는 것은 어렵다는 단점이 있습니다. 현대사회가 갈수록 높은 수준의 기술 인력을 필요로 하는 데 반해, 기술학교나 직업학교는 이에 걸맞은 교육을 하는 데 한계가 있다는 점도 문제점으로 지적됩니다.

이런 문제점을 해결하기 위해 고민한 끝에, 2014년 초에는 학생들이 높은 교육 수준을 자랑하는 한국을 모델로 스웨덴 교육을 개혁해야 한다는 주장이 나와 스웨덴 내에서 큰 논란이 되기도 했습니다.

그런데 현재의 스웨덴 교육은 1950년대부터 자리 잡기 시작한 것으로, 캄프라드가 학교에 다니던 1940년 전후의 상황은 지금과 크게 달랐습니다. 직업학교 등 고등학교가 충분하지 않아서 학생들이 경쟁에 내몰렸고, 캄프라드가 고등학교 입시에서 좌절을 맛본 것도 이 같은 이유에서입니다. 다만 당시에도 스웨덴 등 유럽에서는 대학 진학에 큰 의미를 두지 않았고, 고등학교만 졸업하면 사회생활을 시작하는 이들의 비중이 더 높았습니다.

만약에 스웨덴도 한국처럼 대학을 '꼭 가야 하는 곳'으로 봤다면 캄프라드도 대학 진학을 고민해야 했을 것이고, 그랬다면 이케아 창업 시기는 더 늦어질 수밖에 없었을 겁니다.

장사가 좋아! 고등학생 때 문을 연 이케아

자신의 회사를 차리고 사업을 시작한다는 것이 상상하기는 쉽지만, 막상 실제로 행하기는 쉽지 않은 일입니다. 어른도 아닌 고등학생이 사업을 시작하기란 더욱 어렵지요. 하지만 캄프라드는 사업가를 향한 자신의 꿈을 실현하는 길에서 주저함이 없었습니다. 원하던 직업학교에 들어가지 못하고, 어쩔 수 없이 선택한 고등학교에 다녀야 했지만 캄프라드는 기죽지 않고 기숙사 방에 문방구를 만들었습니다. 원하지 않았던 학교였지만 오히려 그곳에서 기회가 찾아왔습니다.

기숙사 방에서 시작된 이케아

"앗, 잉크가 다 떨어졌네. 오늘 밤에 작문 숙제를 끝내야 하는데…. 통행금지 시간이니 기숙사 바깥으로 나갈 수도 없고…. 어떻게 하지?"

"잉바르한테 가봐. 걔 방에 가면 웬만한 학용품은 다 살 수 있을 거야."

오스뷔 직업학교 기숙사. 대화를 나누던 두 친구는 언제나처럼 캄프라드에게 가는 것으로 의견을 모았습니다. 캄프라드가 자기 방에 학생들에게 필요한 물품들을 갖춰놓고 필요한 친구한테 팔고 있었기 때문입니다.

어릴 때부터 장사에 눈 뜬 캄프라드는 기숙사에서도 자신의 장기를 발휘했습니다. 기숙사 방 침대 머리맡에는 허리띠와 지갑, 시계, 연필 등 같은 학교 학생들이 가지고 싶어 할 만한 물건들이 가득 담긴 상자를 놓고 필요한 친구들에게 팔았습니다.

캄프라드는 수줍음이 많은 청소년이었습니다. 학교는 남녀공학이었지만 여자 친구를 사귀는 데에도 소극적이었죠. 하지만 물건을 팔 때만큼은 친구들에게 주저하지 않고 말을 걸었습니다.

친구들은 처음 보는 '기숙사 방 매점'에 호기심을 나타냈습니다.
"캄프라드, 교문 바깥에만 나가면 문구점이 있는데 어째서 친구들이 너한테 필기도구를 살 거라고 생각하는 거야?"

캄프라드는 슬며시 웃으며 말했습니다.

"교문 밖까지 걸어나가지 않고도 필요한 물건을 더 싸게 살 수 있다면 당연히 내 방으로 찾아올 거야. 나는 문방구보다 싸게 팔 물건을 가져올 수 있어. 그러니까 싸게 팔더라도 손해가 아니야."

훗날 캄프라드는 그때를 떠올리며 이렇게 말했습니다.

"기숙사에서 시작한 문방구는 규모가 아주 작았지. 하지만 이후에 사업을 진행하는 과정에서 반드시 알아야 할 중요한 교훈을 터득하게 되었어. 다른 상인들보다 물건을 싸게 팔려면 그들보다 훨씬 싼값에 물건을 조달해야 한다는 걸 말이야!"

졸업을 앞둔 1943년 7월 28일. 캄프라드는 스웨덴 상업등기소에서 등록번호 8271번을 받아 자신이 앞으로 70년 이상 이끌게 될 회사의 이름을 등록했습니다. 등록비는 시험을 잘 쳤다고 아버지가 상으로 준 돈으로 냈고, 회사의 주소지는 고향 집 농장 엘름타리드의 가로세로 1미터짜리 작은 창고로 정했습니다. 그리고 자신의 이름 잉바르 캄프라드의 이니셜인 I와 K, 농장 이름인 엘름타리드의 E, 엘름타리드가 위치한 지역 아군나리드의 A를 합쳐 회사 이름을 'IKEA 이케아'라고 지었습니다.

오늘날 세계 최대의 가구 판매 회사로 성장한 이케아의 시작입니다. 이케아의 첫 사무실은 엘름타리드 농장에 있었지만, 이케아를 꿈꾸고 시작하게 된 곳은 기숙사 침대 밑에 있던 물건 상자였던 셈입니다.

실패에서 터득한 지혜

하지만 이케아를 세웠을 때만 해도 캄프라드는 이 책을 읽는 여러분 또래인 10대 소년에 불과했습니다. 장사에 대한 관심은 뜨거웠지만 사업 수완은 많이 부족했습니다. 그리고 부족한 경험은 끊임없는 실험과 실패를 통해 채워야 했습니다.

회사를 차린 캄프라드는 우선 프랑스 파리에 있는 만년필 제조 업체에 만년필 500개를 주문했습니다. 지금처럼 유통망이 잘 발달하지 않았던 때라, 캄프라드가 사는 스웨덴 남부 시골 마을에서는 프랑스제 만년필을 싸게 구할 수 없다는 점에서 힌트를 얻은 것이죠. 한두 개만 살 때는 가격이 비싸지만, 한꺼번에 500개나 대량 주문을 하니 만년필 구입 가격을 확 낮출 수 있었습니다. 캄프라드는 기차를 타고 이 마을 저 마을을 돌아다니며 직접 만년필을 팔았습니다. 생산자와 직접 계약해 유통 단계를 줄이면 물건을 더 싸게 팔 수 있다는 교훈을 얻은 것이죠.

만년필 구입과 판매는 비교적 순조로웠지만, 어려움을 겪을 때가 더 많았습니다. 아직 경험이 적었던 만큼 자신의 실수로 손실을 보기도 했습니다.

스톡홀름에서 활동하던 한 사업가가 볼펜을 싸게 팔겠다고 접근해 왔던 것이 단적인 사례입니다.

사업가는 이렇게 캄프라드에게 이렇게 제안했습니다.

"어린 친구가 열심히 일하는 걸 보니 참 기특하다는 생각이 드는군. 그래서 말인데, 자네한테만큼은 시중 가격의 절반만 받고 볼펜 100개를 팔겠네. 단, 지금은 물건이 없으니 일단 자네가 먼저 고객들을 모아오면 볼펜을 넘기고 싶은데, 어때?"

"좋아요. 고객들에게는 볼펜 도착이 좀 늦어질 수 있다고 하고 먼저 주문을 받을게요."

캄프라드는 흔쾌히 동의했습니다. 다른 문구점보다 볼펜값을 10% 깎아서 팔더라도, 그 사업가에게서 50% 싸게 산다면 판매가의 40%에 해당하는 이득을 올릴 수 있기 때문이었죠. 단골들에게 '싼값에 볼펜을 살 수 있다'는 좋은 소식을 알릴 욕심에 이곳저곳으로 뛰어다닌 끝에 캄프라드는 일주일도 되지 않아 볼펜을 사겠다는 고객 100명을 모았습니다.

의기양양해진 캄프라드는 스톡홀름의 사업가에게 연락했습니다. "고객들을 다 모아왔어요. 돈을 드릴 테니 볼펜을 주세요."

하지만 그 사업가의 반응은 뜻밖에 싸늘했습니다.

"내가 언제 너한테 시중 판매가의 절반밖에 안 되는 돈만 받고 볼펜을 넘기겠다고 했지? 다른 사람들이 파는 만큼 값을 쳐주지 않으면 볼펜을 주지 않겠어."

"지난번에 제게 약속하셨잖아요!"

억울함을 호소하는 캄프라드에게 그 사업가는 도리어 큰소리를 쳤습니다.

"무슨 계약서가 있었던 것도 아니고, 왜 내가 너한테 볼펜을 반값에 팔아야 하는지 증명해 봐."

캄프라드는 억울했지만 달리 방법이 없었습니다. 실제로 그 사업가가 자신에게 그런 약속을 했다는 걸 증명할 방법이 없었으니까요. 그렇다고 약속한 값에 볼펜을 팔지 않으면, 자신에게 오랫동안 물건을 사준 단골을 잃게 될까 봐 두려웠습니다.

고민 끝에 결국 캄프라드는 그 사업가에게 시중 판매가에 볼펜을 사 와서 고객들에게 약속한 대로 10% 싼값에 볼펜을 팔 수밖에 없었습니다. 고객을 모으기 위해 뛰어다닌 시간이며, 교통비며, 볼펜값까지 캄프라드는 큰 손해를 봤습니다. 고객들이 모두 볼펜을 받아 돌아간 뒤 장부를 정리하며 캄프라드는 다짐했습니다.

"앞으로 사업과 관련된 모든 약속은 반드시 서류로 받아서 다시는 이런 일이 없도록 할 거야!"

그렇다고 모든 사업가가 캄프라드에게 손해를 끼친 건 아니었습니다. 한 시계 판매상은 물건값을 깎아달라는 캄프라드의 요구

공부? 못해도 괜찮아

를 받아들이며 사업에 필요한 중요한 교훈을 주기도 했습니다.

"이보게, 젊은이. 협상할 때 애원만 한다고 되는 게 아니야. 상
대방이 50크로나스웨덴의 공식 화폐. 외레는 보조 화폐로 사용되며 1크로나는 100외레에 해당함에
물건을 팔겠다고 하면 일단 40크로나만 내겠다고 이야기해봐. 가
격 협상에서는 끈질기게 자신의 가격을 제시하고 물고 늘어지는
쪽이 이기지."

기술발전에서
기회를 찾다

기업을 창업하는 것도 어렵지만, 계속 살아남아 성장하는 것은 더욱 어렵습니다. 실제로 2014년을 기준으로 한국에서도 새로 문을 연 회사가 5년 이상 살아남을 확률은 절반 정도밖에 되지 않는 것으로 조사됐습니다. 이미 해당 업계에서 자리 잡은 기업이 많이 있는 가운데 새로 태어난 기업이 성공하기란 그만큼 쉽지 않은 일입니다. 이 같은 상황에서 캄프라드는 이케아의 성장을 위해 기존 기업들과는 다른 전략을 구사했습니다.

전화가 이어준 고객들

"집 앞 창고에 물건을 파는 회사를 차릴 거예요."

고향 농장 엘름타리드의 작은 창고에서 캄프라드가 처음 자신의 사업 계획을 내놨을 때, 그의 부모님들은 의아해했습니다. 지나가는 사람도 거의 없는 시골 농장에서 물건을 팔겠다니요? 상점은 읍내까지 나가야 있는 것으로 생각하던 시골 사람들의 상식으로는 도무지 이해가 되지 않는 일이었습니다.

하지만 캄프라드는 자신이 있었습니다. 비밀은 당시 집집마다 놓이고 있던 전화기에 있었습니다.

인터넷 쇼핑이 발달한 지금은 이해되지 않을 수도 있겠지만, 20세기 초만 해도 물건을 사려면 직접 상점이나 시장에 가야 했습니다. 전화기는 1876년에 발명됐지만, 기술적인 문제가 해결되지 않아서 일일이 교환원이 상대방을 연결해줘야 하는 상황이 한동안 지속되었습니다. 통화 요금이 비쌀 수밖에 없었죠. 그러다 보니 전화기를 사치품으로 여겨서, 웬만한 부자가 아니면 사용하는 사람이 드물었지요.

하지만 기술이 꾸준히 발달하면서 캄프라드가 회사를 차릴 때쯤에는 통화 요금도 처음보다 많이 저렴해져 널리 보급되기 시작했습니다. 아주 특별한 경우가 아니라면 전화를 걸 엄두도 못 내

이케아의 첫 사무실로 쓰인 작은 창고

던 사람들이 차츰 일상적인 용도로 전화를 사용하기 시작했습니다. 직접 시장에 가지 않고도 전화로 물건을 주문해 살 수 있는 시대가 열린 것입니다. 이에 따라 전화로 물건을 판매하는 통신판매업체가 많이 늘어났습니다. 전화기만 있으면 가게를 차리지 않아도 물건을 팔 수 있게 되었으니, 임대료, 인테리어 비용 등 창업 비용이 확 줄었거든요. 아직 10대에 불과했던 캄프라드도 여기서 돌파구를 찾은 것이죠.

통신판매업이란, 전화로 주문을 받아서 우편으로 주문받은 물건을 보내는 일입니다. 주문을 받는 것만큼이나 주문받은 물건을 제대로 보내는 것이 중요하다는 의미죠. 시골 농장에 둥지를 튼 캄프라드로서는 물건을 보내기도 쉽지 않은 노릇이었습니다.

하지만 방법은 찾으면 생기기 마련입니다. 농장에서 짜낸 우유를 운반하기 위해 하루 한 번 아군나리드 일대의 농장을 순회하는 우유 트럭이 바로 그것입니다. 캄프라드는 트럭 운전수에게 얼마간의 수고비를 주고 전날 고객이 대금을 보낸 물건을 트럭에 실어 읍내에 있는 기차역까지 운반해달라고 했습니다.

이렇게 어렵사리 시작한 회사는 초기 직원이 세 명밖에 안 되는 작은 기업이었습니다. 아버지인 페오도르 캄프라드가 물건 주문 내역 기록과 돈의 입출금을 관리하고 어머니 베르타 캄프라드는 주문 전화를 받았습니다. 지금 세계를 호령하는 이케아도 처음에는 가족끼리 운영하는 작은 회사였던 겁니다. '시작이 반'이라는 한국 속담은 이케아에도 어김없이 적용됩니다.

가구 판매에서 발견한 블루오션

사업을 시작하고 '이케아'라는 그럴듯한 이름까지 달았지만, 회사 규모는 캄프라드가 고등학교 기숙사 시절에 하던 사업을 조금 확장한 정도에 불과했습니다. 판매 품목도 라이터, 손목시계, 장신구, 나일론 스타킹부터 만년필, 지갑, 액자까지 아주 다양했습니다. 캄프라드는 다른 사람보다 조금이라도 싸게 살 수 있겠다 싶은 물건은 모두 취급했거든요.

하지만 통신판매업은 이미 경쟁자가 많은 업종이었습니다. 캄프라드가 돈을 별로 들이지 않고도 고향 농장에 회사를 차릴 수 있었듯이, 초기에 투자해야 할 돈이 적다 보니 너도나도 사업에 뛰어들었습니다.

갓 스무 살이 된 캄프라드는 경쟁자들보다 싸게 물건을 공급받기 위해 이리 뛰고 저리 뛰었지만, 쉽지 않은 일이었습니다. 캄프라드가 조금이라도 물건을 싸게 공급받을 방법을 찾으면 경쟁자들도 금방 비슷한 방법으로 물건을 공급받아 판매가를 떨어뜨리곤 했습니다.

통신판매업체끼리의 가격 경쟁은 결국 판매하는 상품의 품질에도 악영향을 미쳐 고객의 불만도 늘었습니다. 통신판매업이 초기에는 새로운 기술을 이용한 물건 판매로 각광 받았지만, 갈수록 경쟁자가 너무 많아지면서 기업의 수익도 줄어드는 레드오션으로 변해버렸기 때문입니다.

훗날 캄프라드는 그때를 회상하며 이렇게 말했습니다.

"우리는 우리의 운명이 걸린 문제에 부딪혀 있었습니다. 이케아가 결국 경쟁에 패배해 사라져버릴 것인가, 아니면 고객의 신뢰를 계속 받으면서도 돈을 벌 수 있는 새로운 방식을 찾을 것인가의 문제였습니다."

캄프라드는 경쟁자가 많지 않아서 더 큰 수익을 낼 수 있는 블루오션을 찾아야 했습니다. 그리고 그 해답으로 찾은 것이 바로 가구 판매였습니다. 캄프라드가 초기에 취급한 상품에서 보듯, 당시 통신판매업은 부피가 작은 상품만을 주로 취급했습니다. 상품을 대량으로 실어온 뒤 주문을 받아 스웨덴 각지로 보내야 하는데 상품의 부피가 클수록 한꺼번에 많은 상품을 실어오기 어렵기 때문입니다.

하지만 스웨덴에서 가난한 지역으로 꼽히던 캄프라드의 고향 아군나리드는 가구를 통신판매하기에 좋은 입지를 자랑했습니다. 울창한 침엽수로 뒤덮인 고장이라 가구 생산에 필요한 목재를 쉽게 구할 수 있어서, 옛날부터 가구 제조업체들이 많았기 때문입니다. 경쟁자들이 흉내 내기 어려운 이케아만의 강점이었습니다.

때마침 새 가구를 찾는 사람도 늘고 있었습니다. 제2차 세계대전이 끝나고 평화가 오면서 집을 새로 짓고 그 집을 가구로 채우는 사람이 늘었기 때문입니다. 하지만 기존 가구 판매상들은 가구를 비싸게 팔았습니다. 가구 수요가 늘다 보니, 1935년 이후 10년 동안 스웨덴의 가구값은 41%나 뛰었습니다. 가구를 싸게 사고 싶은 사람이 그만큼 늘어서, 통신판매의 장점인 싼 가격이 큰 장점을 발휘하는 시장이 된 셈입니다.

이케아를 창업한 지 3년째인 1948년, 캄프라드는 처음으로 의자와 커피 테이블 판매를 시작했습니다. 그리고 그의 선택은 폭발적인 성공을 가져왔습니다. 부모와 캄프라드 등 세 명의 가족만으로는 상품을 포장하는 데도 일손이 부족해 친척들의 손을 빌려야 할 지경이 됐습니다. 회계 업무를 맡기기 위해 이케아 1호 직원을 뽑은 것도 이때입니다.

이렇게 가구 판매를 늘려가던 캄프라드는 1951년 다른 상품 판매는 중단하고 이케아를 가구 판매 전문 회사로 만듭니다. 이후 60여 년간 이케아라는 거함이 항해할 푸른 바다, 블루오션인 가구 판매업에 본격 진입하게 된 것입니다.

공부? 못해도 괜찮아

블루오션과 레드오션

블루오션blue ocean, 푸른 바다라는 말을 들었을 때 무엇이 떠오르나요? 가슴 탁 트이는 시원한 느낌이 들지 않나요? 블루오션의 의미는 그 느낌 그대로입니다. 탁 트인 푸른 바다에 물고기도 많지만 고기를 낚는 어선은 얼마 되지 않는 상황, 다시 말해 기업 입장에서 경쟁자가 없거나 아주 적은 시장을 '블루오션'이라고 합니다.

기업은 경쟁자가 적을수록 높은 수익을 올릴 수 있습니다. 한겨울에 오리털 파카를 파는 회사가 하나밖에 없다면 어떻게 될까요? 오리털 파카를 사고 싶은 사람들은 이 회사로 몰리겠죠? 그러면 회사는 크게 노력하지 않아도 많은 돈을 벌 수 있을 겁니다.

기업 입장에선 더없이 좋은 게 블루오션이지만, 블루오션을 찾는 것은 쉬운 일이 아닙니다. 남들과 똑같이 이미 존재하는 시장에서 경쟁한다면, 남들보다 뛰어난 성과를 내기는 어렵습니다. 지금까지 다른 기업들은 상상하지 못했던 새로운 제품을 개발하거나, 유통 방법을 만들어야 가능한 일이지요.

애플에서 처음 내놨던 스마트폰이 블루오션을 만든 대표적인 예입니다. 독자 여러분은 아직 어린 시절이었겠지만, 아이폰이 처음 세상에 나오기 전, 휴대전화는 대부분 비슷한 기능을 갖고 있었습니다. 휴대전화를 만드는 기업들은 '초콜릿폰' 등 디자인만 다른 휴대전화를 내놓으며 경쟁하고 있었습니다. 많은 사람이 이미 휴대전화를 갖고 있었기 때문에 새로 제품을 내놓더라도 많이 팔기 어려웠죠.

하지만 애플에서 아이폰을 내놓으면서 시장이 완전히 바뀌었습니다. 버튼이 아니라 화면에 손가락을 터치해 전화를 걸고 애플리케이션을 통해 자유자재로 기능을 바꾸는 아이폰은 새로운 시대를 알리는 혁명이었습니다.

몇 년간 다른 휴대전화 제조업체들은 아이폰에 맞먹는 스마트폰을 만들지 못했고, 그동안 애플은 많은 아이폰을 팔아 큰돈을 벌 수 있었습니다. 스마트폰이라는 블루오션을 개척했기에 가능했던 일이죠.

물론 블루오션이 영원한 것은 아닙니다. 고기가 많이 잡힌다는 소문이 나면 다른 어선들도 여기저기서 블루오션으로 몰려들기 때문입니다. 이렇게 경쟁자들이 계속 몰리며 경쟁이 치열해지면서 블루오션의 성격도 바뀌는데 이를 레드오션red ocean이라고 합니다.

블루오션으로 불렸던 업종이나 산업도 시간이 지나면서 레드오션이 되기 마련입니다. 앞에서 예로 든 스마트폰 시장도 마찬가지입니다. 처음에는 애플의 블루오션이었지만 삼성전자 등 경쟁자들이 나타나면서 애플이 올리던 막대한 수익도 조금씩 줄어들기 시작했습니다. 이제는 중국 전자회사들까지 뛰어들며 경쟁자가 크게 늘고 있죠. 블루오션이 레드오션으로 서서히 변해가는 모습입니다.

발상의 전환으로 성공, 또 성공

본격적으로 가구 판매에 뛰어들었지만, 그것만으로는 고객을 끌어모으는 데 한계가 있었습니다. 가구를 싸게 사고 싶은 사람은 스웨덴 전역에 널려 있었지만, 이들에게 이케아가 어떤 가구를 팔고 있는지 알릴 방법이 없었으니까요.

캄프라드는 끊임없이 고민했습니다. '우리는 다른 회사들보다 늦게 가구 판매를 시작했으니 남들처럼 해서는 절대 경쟁자들을 제칠 수 없어. 어떻게 하면 이케아를 소비자들에게 더 잘 알릴 수 있을까?' 그가 내린 결론은 광고였습니다. '지금까지 신문에 광고를 낸 가구 회사는 없었어. 그러니 광고를 내면 분명히 이케아를 더 널리 알릴 수 있을 거야.'

이렇게 시작된 것이 1949년부터 나온 주간지 광고입니다. 단순히 이케아의 이름을 알리는 것이 아니라 판매 가구가 담긴 홍보 책자를 주간지에 함께 끼워 전달하는 방식으로 스웨덴 전역에 이케아를 홍보할 기회를 얻었습니다. 물론 주간지에 광고 비용을 내야 했지만, 대신 스웨덴 전역에서 주간지를 구독하는 28만 5000명에게 이케아의 제품을 알릴 수 있게 되었지요. 외진 시골에 자리 잡은 무명 회사 이케아가 전화기와 잡지 배달망을 이용해 스웨덴 전역의 소비자와 만나게 된 것입니다.

이케아의 초기 홍보 책자

〈이케아 뉴스〉라는 이름이 붙은 홍보 책자는 한해 1억 9000만 부가 27개 언어로 만들어지는 이케아 홍보 책자의 모태가 되었습니다.

홍보를 통해 이케아를 널리 알리는 데는 성공했지만, 가구 판매는 기대했던 만큼 늘지 않았습니다. 가구값이 저렴하다는 사실은 고객들이 알게 됐지만 가구와 같이 큰 물건을 홍보 책자 사진만 보고 선뜻 산다는 게 어쩐지 낯설고 꺼림칙했기 때문이지요.

캄프라드는 초조해지기 시작했습니다. 그럴 때마다 엘름타리드 농장에서 같이 살던 직원들과 함께 인근의 숲과 호수로 산책하러 가거나 낚시를 하며 문제를 해결할 방법을 궁리했습니다. 캄프라드는 끊임없이 직원들에게 질문을 던졌습니다.

"어떻게 하면 고객들이 제품을 믿고 사게 할 수 있을까?"

예테 한손이라는 직원이 좋은 아이디어를 냈습니다.

"가구를 실제로 볼 수 있는 전시장을 설치하면 어떨까요? 홍보 책자를 보고 제품에 관심이 생긴 고객들이 언제든 전시장을 방문해 가구를 직접 살펴보고 만족하면, 그때 가구를 살 수 있도록 하는 겁니다. 그렇게 하면 저렴한 가격을 유지하면서 품질에 대한 믿음도 줄 수 있을 것 같은데요."

캄프라드는 이 얘기를 듣고 무릎을 쳤습니다. 그리고 1953년 인근 번화가인 엘름홀트에 첫 번째 이케아 전시장을 세우기로 했

첫 번째 이케아 전시장

습니다. 고객들이 멀리서도 쉽게 찾아올 수 있도록 철도역에서 가까운 제재소 건물을 사들여 전시장으로 개조한 것입니다.

준비를 끝낸 캄프라드는 잡지 배달망을 이용해 사람들에게 이케아 1호 가구 전시장의 개관을 알렸습니다. 통신판매업체가 따로 전시장을 내는 일이 아직 낯설었던 만큼, 캄프라드는 사람들에게 전시장이 어떤 의미를 갖는지 세심하게 설명해야 했습니다.

개관식 전날 캄프라드는 크게 긴장했습니다. 전시장 건립 비용부터 광고비까지 많은 돈을 투자했기 때문입니다. 글로벌 기업이 된 지금이야 아주 미미한 금액이겠지만, 아직 규모가 크지 않던 당시로서는 전시장이 실패한다면 회사가 흔들릴 수도 있는 상황이었습니다.

그리고 마침내 개관일인 3월 18일의 태양이 떠올랐습니다. 일어나자마자 매장 창문 밖을 내다본 캄프라드는 자신의 눈을 의심했습니다. 엘름훌트 철도역에서 전시장으로 이르는 길이 방문객들로 가득 차 있었기 때문입니다.

"아직 전시장 문도 안 열었는데 바깥에 있는 사람들이 1000명은 될 거 같아! 큰 성공이야!"

직원들의 손을 잡으며 캄프라드는 좋아서 아이처럼 풀쩍풀쩍 뛰었습니다. 그날 하루 많은 관람객이 몰리며 관람객들에게 제공하겠다고 약속한 커피와 과자가 동났습니다. 얼마나 사람이 많았는지 캄프라드는 2층 바닥이 관람객들의 무게를 견디지 못해 무너지지 않을까 걱정해야 할 정도였습니다.

조립식 가구가 이케아를 완성하다

전시장의 성공으로 이케아는 매년 두 배가 넘는 판매 증가를 나타내며 빠르게 성장했습니다. 이케아 전시장은 평범하고 작은 마을이던 엘름훌트의 관광명소로 자리 잡았습니다.

스웨덴 전역에서 사람들이 찾아오면서 캄프라드는 스웨덴 철도청과 협상해 그들에게 할인된 기차표를 제공했습니다. 엘름훌트의 호텔과 식당도 잡아서 고객들이 싼값에 숙박할 수 있도록 했고, 가구를 많이 구입하는 고객에게는 특별히 호텔 식사를 대접하기도 했습니다. 그만큼 이케아 홍보 책자를 원하는 고객이 늘면서 굳이 잡지나 신문을 이용하지 않고도 새로 나온 가구를 광고할 수 있었습니다. 1950년 들어서는 50만 부의 〈이케아 뉴스〉가 스웨덴의 가정으로 배달됐습니다.

하지만 이케아는 여전히 통신판매업체였습니다. 관람객들이 전시장에서 가구를 골라서 주문한 뒤 기차를 타고 집으로 돌아가면 며칠 뒤 자신이 주문한 가구를 배달받는 식이었습니다. 물건을 구입하면 그 자리에서 바로 가져올 수 있는 슈퍼마켓과 비교하면 이용이 번거로웠을 뿐 아니라, 이케아 입장에서도 가구 배송 비용을 따로 물어야 하는 문제가 있었습니다.

항상 문제에 부딪힐 때마다 해결 방법을 고민했던 캄프라드는 또다시 생각에 빠졌습니다. '값싼 가구를 찾아 먼 길을 오는 고객들이 자신이 구입한 가구를 갖고 집으로 돌아갈 수는 없을까?'

이번에도 직원이 아이디어를 냈습니다. 캄프라드가 고용한 네 번째 직원인 젊은 디자이너 길리스 룬드그렌이 주인공입니다. 홍보 책자에 실을 가구 사진을 촬영하던 룬드그렌은 가구를 창고에서 꺼내와 촬영 장소까지 옮기는 데 항상 불편을 느꼈습니다. 자신의 자동차에 싣기에는 가구의 크기가 너무 컸기 때문이죠.

그날도 촬영한 탁자를 차에 싣느라 애쓰던 룬드그렌은 홧김에 탁자 다리를 잘라 차에 실었습니다. 자동차 뒤 트렁크에 들어가지 않던 탁자는 다리를 자르자 트렁크에 쏙 들어갔습니다. 부피가 얼마나 줄었는지, 탁자를 넣고도 트렁크 공간이 절반이나 남아돌았습니다. 여기서 힌트를 얻은 룬드그렌은 캄프라드에게 조립식 가구 판매에 대한 아이디어를 냈습니다. 납작한 상자에 포장할 수 있도록 가구의 각 부분을 분리한 뒤 그것을 구입한 고객이 집에 가지고 가 나사로 손쉽게 조립할 수 있도록 하자는 것이죠.

그렇지 않아도 판매량이 늘면서 함께 늘어나는 제품 배송비 때문에 골머리를 앓던 캄프라드는 이 의견에 크게 기뻐하며 찬성합니다. 그리고 1955년 '막스'라는 이름이 붙여진 최초의 조립식 탁자를 선보였습니다. 룬드그렌이 다른 가구들도 조립식으로 판매할 수 있도록 설계하면서 이케아는 점차 조립식 가구 판매 비중을 높였습니다.

그리고 1958년 이케아는 엘름홀트 전시장을 가구 판매 매장으로 바꿨습니다. 단순히 가구를 본 뒤 나중에 따로 배달받는 방식이 아니라, 고객이 조립된 가구를 보고 품질을 확인하면 조립되지 않은 가구를 사 들고 집으로 돌아가는 방식입니다.

대형 가구 판매장과 고객이 직접 조립하는 조립식 가구. 이 두 가지 특징으로 요약되는 이케아의 현재 모습이 캄프라드가 서른두 살이 되던 해에 탄생한 것입니다.

고객만 바라보고
극복한 어려움

발상의 전환으로
견제를 이겨내다

어떤 성공이든 질투하는 사람들이 따르기 마련입니다. 그리고 그중 몇몇은 단순히 질투하는 것을 넘어 사업에 이런저런 훼방을 놓기도 합니다. 캄프라드가 이케아를 성장시키는 동안 다른 가구 판매회사들은 무리를 지어 캄프라드의 사업을 발목 잡기 시작했습니다. 캄프라드가 왕따를 당한 것입니다. 캄프라드는 이 위기를 어떻게 극복했을까요?

성공의 발목을 잡은 경쟁자들의 질투

이케아가 나날이 인기를 끌자 스웨덴의 가구 판매상들은 이케아에 분노를 쏟아내기 시작했습니다. 사람들이 이케아에서만 가구를 사면서 자신들의 가구 판매가 갈수록 줄었기 때문입니다. '스웨덴 전국가구상연합'이라는 조직에 모인 가구 판매업자들은 '이케아가 지나치게 가격을 후려쳐서 싸게 파는 바람에 다른 중소 가구상들이 모두 죽는다'며 대응책을 논의했습니다.

이들은 우선 가구 제조업자들에게 이케아에 가구를 공급하지 못하도록 압박했습니다.

"이케아에 가구를 납품하면 우리는 당신네로부터 가구를 사지 않겠소!"

더 많은 고객을 잃게 될 것을 두려워한 가구 제조업자들은 이케아에 가구 공급을 중단했습니다.

전국가구상연합은 또 캄프라드를 포함한 이케아 직원들의 가구 관련 행사 출입도 막았습니다. 가구 박람회 등에서 새로운 가구 디자인 등 흐름을 한눈에 읽을 기회를 박탈하려는 시도였습니다.

이케아를 경영하며 수많은 문제를 헤쳐온 캄프라드도 이번만큼은 고비를 넘기가 쉽지 않았습니다. 아무리 매장에 고객이 많이 오더라도 팔 가구를 들여놓지 못하면 지금까지의 노력이 모두 헛

일이 되어버리니까요.

캄프라드는 직원들과 함께 전국가구상연합의 손길이 미치지 않는 다른 가구 제조업체를 찾아 돌아다녔습니다. 하지만 이케아에 선뜻 가구를 납품하겠다는 회사는 찾기 어려웠습니다. 그러자 캄프라드는 이케아와 이름이 다른 회사를 수없이 많이 세웠습니다. 가구 제조업자들이 이케아가 아닌 다른 회사에 가구를 판매하는 것처럼 보이도록 경쟁자들의 눈을 속인 것입니다. 때로는 가구 제조사들이 한밤중에 몰래 가구를 배달하거나 미리 약속한 다른 장소에 가구를 실어놓는 일도 있었습니다.

캄프라드는 경쟁자들의 견제를 받느라 돌돌 말린 카펫에 숨는 신세가 되기도 했습니다. 가구 박람회 출입을 막은 경쟁자들이 입구에 진을 치자 자동차 뒷좌석에 미리 마련해 둔 카펫 속에 숨은 것이죠. 캄프라드는 스웨덴 가구 판매상들 속에서 공공의 적으로 지목돼 '왕따'를 당하고 있었습니다.

'철의 장막' 너머에서 찾은 돌파구

캄프라드는 경쟁자들의 견제를 피할 방법을 찾기 위해 백방으로 노력했지만, 경쟁자들도 그만큼 집요했습니다. 그만큼 스웨덴 내에서 원하는 품질의 가구를 공급받기가 갈수록 어려워졌습니다. 전국가구상연합의 손길을 피해 가까운 덴마크에서 가구를 공급받는 방안도 추진했지만, 이케아의 가구를 원하는 고객들의 수요를 충당하기에는 턱없이 부족했습니다.

캄프라드는 다시 깊은 고민에 빠졌습니다. '스웨덴 말고 다른 나라에서 가구를 공급받을 수는 없을까? 독일이나 프랑스는 덴마크보다 가구 생산량이 많긴 하지만, 스웨덴보다 가구가 비싸잖아. 그럼 수지가 맞지 않지. 미국이나 아시아에서 가구를 수입해볼까? 그 방법은 운송비가 너무 비싸니 안 되겠어. 어떻게 하지?'

고민을 거듭하던 어느 날, 캄프라드는 신문을 보다 무릎을 쳤습니다.

"그래 이거면 어떻게든 해볼 수도 있겠어. 실현 가능성이 있는지 얼른 알아봐야지!" 캄프라드가 내려놓은 신문에는 다음과 같은 기사가 실려 있었습니다.

'폴란드의 비톨드 크람프친스키 외무장관, 경제협력 논의 위해
다음달 스웨덴 방문'

캄프라드는 모처럼 신나서 직원들에게 소리쳤습니다.

"아무도 거들떠보지 않는 폴란드에서 가구를 납품받아야겠어. 공산주의 국가들은 경제 수준이 서유럽보다는 떨어지니, 틀림없

이 가구를 훨씬 싸게 납품받을 수 있을 거야. 어떻게 하면 폴란드로 날아갈 수 있을지 당장 알아보자고!"

한국전쟁이 끝난 지 몇 년이 지나지 않은 당시만 해도 자본주의 국가와 공산주의 국가가 협력하는 일은 쉽지 않았습니다. 스웨덴을 비롯해 자본주의 체제에 있던 국가들은 공산주의하의 동유럽 국가의 연합을 '철의 장막'이라 부르며 공격했습니다.

그만큼 캄프라드의 시도는 독특했습니다. 스웨덴 내에서 왕따를 당하지 않으려면 스웨덴 밖에서 친구를 찾아야 하는 절실함이 반영된 것이었죠.

몇 달간의 노력 끝에 캄프라드는 1961년 1월 폴란드 땅을 밟았습니다. 물론 처음부터 일이 술술 풀린 것은 아니었습니다. 공산주의 정권이 들어선 지 15년 남짓 지났지만 시키는 일만 겨우 해내는 사회주의적 타성이 공무원부터 가구 공장 노동자에게까지 깊숙이 배어 있었습니다. 폴란드의 가구 공장을 돌아보기 위한 허가를 받는 데에만 며칠을 허비해야 했습니다. 폴란드 공무원들은 캄프라드를 사업 파트너가 아니라 외화를 뜯어낼 만한 대상으로 여겼습니다.

하지만 폴란드 방문은 그 같은 번거로움을 감수할 가치가 있었습니다. 목재를 가공해 가구를 만드는 폴란드 노동자들의 기술이 스웨덴에 뒤지지 않는다는 점을 발견한 것입니다. 뒤떨어진 공장

스톡홀름 외각에 세워진 이케아 매장의 건설 현장

시설은 스웨덴의 설비를 통째로 폴란드로 옮기는 방식으로 보완했습니다. 곧 폴란드는 이케아에 가장 많은 가구를 납품하는 국가가 됐습니다. 폴란드 가구 산업을 이용해 경쟁자들의 견제를 뿌리친 것은 물론, 과거보다 절반 가까이 싼값에 가구를 공급받을 수 있었습니다.

고비를 넘어서자마자 더 큰 성공이 다가왔습니다. 1965년 6월 이케아는 스웨덴의 수도인 스톡홀름 외곽에 대형 판매장을 열었습니다. 첫날에만 만 8000명이 매장을 방문했습니다.

하지만 더 가치 있는 것은 캄프라드가 경쟁자들을 뿌리치는 과정에서 얻은 소중한 교훈입니다.

"이케아는 새로운 해결책을 끊임없이 모색한 결과, 더 큰 성공을 거둘 수 있었습니다. 만약 경쟁자들의 견제가 없었다면 그런 성공을 거두지도 못했겠죠. 경쟁자의 발목을 잡으려고 할때 부정적으로 대응하면 결과는 자기 스스로에게도 유리하지 않습니다. 다른 기업을 질투하고 방해할 시간에 자신의 능력을 개발하는 것이 성공에 이르는 길입니다."

누구나를 위한 가구

기업가가 기업을 경영하는 것은 개인의 인생에 어떤 의미가 있을까요? 캄프라드는 이케아를 통해 이루고 싶은 것이 있었습니다. 더 많은 소비자가 가구를 쉽게 살 수 있도록 하는 것이었습니다. 더 많은 사람을 위한 가구를 주창한다는 점에서 '가구 민주화'라고 표현할 수도 있겠네요. 캄프라드는 자신이 이케아를 경영하는 목표가 단순히 돈을 더 많이 버는 것을 넘어 가구에 대한 소비자의 생각을 바꾸는 데 있어야 한다고 믿었습니다.

고객만 바라보고 극복한 어려움

가구의 개념을 새로 쓰다

사실 많은 나라에서 가구는 수십 년 전만 해도 사치품이었습니다. 한국에서도 1970년대까지 가구는 결혼하는 신부가 신혼집을 위해 마련해야 할 고가의 혼수품이었습니다.

유럽도 사정은 비슷해서 입맛에 따라 새로운 가구를 사기보다는 과거에 집안에서 쓰던 것을 물려받는 경우가 많았습니다. 그나마 물려받을 가구조차 없는 신혼부부가 방과 거실에 사용할 가구를 제대로 장만하려면 몇 년간 번 돈을 고스란히 가구 사는 데 쏟아부어야만 했습니다.

캄프라드는 이러한 상황이 마음에 들지 않았습니다. 누구든 자신이 원하는 가구를 큰 부담 없이 살 수 있는 시대가 오기를 바랐습니다. 그리고 그 시대를 앞당기는 데 이케아의 역할이 있다고 믿었습니다. 그는 기회가 있을 때마다 직원들에게 '품질이 좋더라도 가격이 비싼 가구는 소비자에게 나쁜 가구'라는 자신의 생각을 강조하곤 했습니다.

캄프라드의 이 같은 생각은 1973년부터 2년간 걸쳐 작성한 〈어느 가구상의 유언〉에도 잘 나타납니다. 1950년대 초만 해도 직원수가 캄프라드 자신까지 세 명에 불과했던 이케아는 1970년대에 들어서자 스웨덴 전역에 체인점을 거느리고 직원도 2000명이 넘는 대기업으로 성장해 있었습니다. 그는 새로 들어온 직원들이 이케아의 철학과 자신의 생각을 제대로 이해하지 못하게 될까 봐 두려워했습니다. 〈어느 가구상의 유언〉은 캄프라드의 이케아 경영 철학을 담은 내용으로, 직원들에게 배포됐습니다.

여기서 캄프라드는 낮은 판매 가격을 이케아 경영의 핵심으로 강조하고 있습니다.

"가구의 품질이 지나치게 좋으면 고객에게 오히려 피해를 주기 마련이야. 너무 높은 품질은 의미 없이 가격을 올리게 돼 고객에게 부담을 주기 때문이지."

품질 이상으로 가격이 중요하다는 의미입니다. 캄프라드는 직원들도 가격을 최우선에 놓고 업무에 나서기를 바랐습니다.

"3000유로약 420만원짜리 책상을 디자인하는 것은 어떤 가구 디자이너라도 할 수 있는 일이란 걸 알아야 해. 정말 훌륭한 디자인은 기능적이고 멋스러우면서도 고객들이 200유로약 30만원에 살 수 있는 책상을 만드는 거야!"

그는 이케아의 가구 개발자들이 항상 가격을 염두에 둘 것을 강조했습니다.

캄프라드의 이러한 생각은 이케아가 해외로 진출하기 시작하면서 빛을 발했습니다. 1974년 이케아가 뮌헨에 첫 번째 독일 판매장을 열었을 때, 독일의 가구 판매업체들은 이케아가 판매하는 가

고객만 바라보고 극복한 어려움

격으로는 자신들이 판매하는 가구의 재료비도 낼 수 없을 만큼 싸다는 사실을 알았습니다.

그들은 '이케아가 폴란드에서 실어온 가구로 독일 가구업계를 망하게 하고 있다'고 불평했지만, 이케아의 싼 가격에 열광하는 독일 소비자들의 발길을 돌릴 수는 없었습니다.

다른 나라의 가구 판매업체들도 마찬가지였습니다. 고만고만한 가격 구조를 갖춰 놓고 높은 판매 가격을 당연한 것으로 여기던 가구 판매상들은 이케아의 공격적인 가격경쟁 방식에 익숙하지 않았습니다.

그리고 머지않아 캄프라드가 목표했던 것이 실현되기 시작했습니다. 신혼부부든, 처음 집에서 독립해 자신의 방을 장만한 대학생이든, 아니면 직장인이든 누구라도 과거보다 훨씬 낮은 부담으로 가구를 살 수 있게 된 것입니다. 이케아는 단순히 빠르게 성장하는 기업을 넘어 가구에 대한 소비자들의 개념을 바꾸는 기업으로 인식되기 시작했습니다.

평소 소박하고 현실적인 단어로 자신의 생각을 표현하길 좋아하고 정치적 수사나 과장법을 싫어하는 캄프라드였지만, '많은 이가 쉽게 가구를 살 수 있도록 하겠다'는 꿈과 관련해서는 열정적으로 자신의 생각을 늘어놓습니다.

직원들에게는 "이케아는 다수의 편에 서기로 결심했다"며 이케아는 단순한 가구 판매회사를 넘어 많은 이가 가구를 접할 수 있는 창구가 되어야 한다고 강조합니다.

이와 같은 캄프라드의 철학 때문에 이케아가 진출한 많은 나라에서 가구 판매상들은 도산 위기에 몰렸습니다. 하지만 가구 판매상보다 숫자가 훨씬 많은 소비자는 값싸지만 품질 좋은 가구로 과거보다 높은 생활수준을 누릴 수 있게 됐습니다.

싸게 팔 방법을 찾아서

1998년 중국 진출 직전, 시장 조사를 위해 중국을 찾은 캄프라드는 재래시장을 둘러보러 갔다 인상적인 광경을 봤습니다. 상인들이 닭을 시장에서 바로 잡아 깃털을 뽑은 뒤 고객들에게 넘기는 모습이었죠.

보통 사람이라면 '아이고, 중국은 선진국이 되려면 아직 멀었군!!' 하고 인상을 찌푸렸을 것입니다. 하지만 이 장면에서 캄프라드는 기회를 봤습니다. 같이 시장을 돌던 직원들에게 서둘러 지시를 내렸죠.

"저 깃털들이 다 어디로 가는지 알아봐."

깃털이 모두 버려진다는 사실을 알게 된 캄프라드는 이를 모아 깃털 이불을 만들자고 했습니다. 결국 이케아는 깃털 이불을 전보다 훨씬 더 싸게 팔 수 있었습니다.

이케아가 지닌 장점 중 하나가 경쟁자보다 싼 판매가라지만, 가구값을 낮추는 것이 말처럼 쉽지는 않았습니다. 초기에는 폴란드 공장에서 싼 가격에 가구를 수입했지만, 그것도 한계가 있었습니다. 이케아가 급속도로 성장하면서, 폴란드 공장의 생산량만으로는 이케아 매장을 찾는 고객들이 원하는 가구 양의 절반도 채울 수 없었으니까요.

경쟁자들이 보기에 터무니없이 낮은 가격에 이케아가 가구를 판매할 수 있었던 것은 가구 제작부터 운송, 판매까지 발상을 전환했기 때문입니다. 그리고 그 배경에는 더 많은 소비자가 가구를 부담 없이 사게 하자는 캄프라드의 '가구 민주화'에 동의하고 적극적으로 실행 방법을 고민한 직원들이 있었습니다.

가구 판매가를 낮추기 위한 고민은 소재에서부터 시작됐습니다. 1950년대까지 스웨덴을 비롯한 유럽 국가들은 동남아시아 등 열대지방에서 자라는 티크 나무를 수입해 가구를 만들었습니다. 티크 나무는 다른 나무와 비교해 시간이 지나도 변형이 작고 단단하다는 점에서 가구 소재로 더할 나위 없이 좋았지만, 멀리서 수입되는 만큼 비쌀 수밖에 없었습니다.

1960년대 초 이케아는 티크 나무와 내구성은 비슷하지만, 값이 더 싼 참나무로 가구를 만들어 소비자들에게 선보였습니다.

1970년대에 들어와서는 참나무보다 값이 더 싼 소나무로 가구를 만들어 가격을 떨어뜨렸습니다.

쓰다 남은 나무를 잘게 부순 뒤 압착해서 나무판 형태로 만드는 파티클보드를 이용한 가구도 어느 가구 제조사보다 먼저 내놨습니다. 예전에는 버리던 부분을 이용하는 만큼 파티클보드의 값은 쌌지만, 누구도 선뜻 파티클보드를 이용해서 가구로 만들려는 용기를 내지 못했습니다. 하지만 이케아는 1969년 파티클보드로 의자를 만들어 판매했습니다. 오늘날 파티클보드는 싱크대, 신발장, 책장 등의 소재로 널리 사용되고 있습니다. 파티클보드가 이렇게 널리 사용되게 된 데는 싼값에 가구를 판매하려는 이케아의 노력도 일정 부분 기여했다고 볼 수 있습니다.

이케아의 디자이너라면 누구든 디자인 작업 이상으로 싼값에 가구를 만들 수 있는지에 대해 끊임없이 고민해야 합니다. 캄프라드는 매장을 돌아보다 눈에 띄는 가구가 있으면 당장 날카롭게 지적합니다.

"너무 비싸! 품질은 가능한 한 비슷하게 유지하면서 반값에 만들 수 있도록 디자인해봐."

새롭게 디자인된 가구가 나오면 일선 매장의 판매 직원들이 먼저 신제품을 평가하는 것도 이케아의 독특한 문화입니다. 일선 매장 직원이 "이 값에는 안 팔릴 거예요. 이케아 매장에 이렇게 비

고객만 바라보고 극복한 어려움

싼 탁자는 필요 없어요."라고 하면 디자이너는 "그렇지만 매장에서 요구한 기능을 만족시키려고 디자인한 건데요!"라고 종종 항의합니다. 그리고 이 같은 논쟁은 대부분 매장 직원들의 승리로 끝납니다. "우리는 소비자를 알아요. 더 싼값에 팔 수 있도록 해주세요."라고 요구하는 선에서 작은 논쟁들은 마무리됩니다.

발상의 전환이 불러온 가격 인하

1965년 스톡홀름 외곽에 세워진 이케아 매장은 개장 첫날부터 3만 5000명의 고객이 몰리며 일대 소동이 빚어졌습니다. 이케아 직원들은 또 한 번의 성공에 신이 났지만, 곧 진땀을 흘리기 시작했습니다.

그때까지 이케아는 고객들이 매장에서 조립된 가구를 보고 자신들이 고른 가구의 목록을 계산대로 가지고 오면 값을 치르고 직원들이 꺼내온 가구를 받아가는 방식이었습니다. 하지만 고객이 너무 많이 몰리면서, 고객들의 리스트를 운반 담당 직원에게 전달하고 다시 가구를 꺼내오기까지 너무 오래 기다려야 했습니다. 계산대에 늘어선 줄이 길어지자, 기다리기 지친 고객들은 직접 창고로 가 자신이 고른 가구를 운반해오기 시작했습니다.

놀란 직원들의 연락을 받은 캄프라드는 매장에 도착해 상황을

이케아 매장의 창고

지켜보고는 오히려 흥미를 느꼈습니다. 조립되지 않은 가구를 고객이 직접 들고 오는 바람에 계산대의 줄이 짧아지고 제품을 운반할 직원이 필요 없어졌기 때문입니다.

캄프라드는 우연히 만들어진 이 같은 주문방식을 이케아 전 매장에 확대 적용했습니다. 가구를 운반하는 사람을 고용하는 비용을 줄이게 되니, 제품을 더 싸게 판매할 수 있게 됐습니다.

가구 생산 과정에서도 거듭된 역발상을 통해 이케아의 가구 판매가를 낮췄습니다. 캄프라드는 가구를 더 싸게 생산할 수만 있다면, 가구를 납품하는 회사가 그전에 어떤 물건을 만들어왔는지에 대해서는 신경 쓰지 않았습니다. 그래서 이케아 매장에는 쇼핑 카트를 만들던 회사가 생산한 소파, 스키 제조사가 만든 탁자, 창문 공장에서 만든 탁자 다리가 판매되고 있습니다.

지금도 세계 이케아 매장에서 판매되는 둥근 원통 모양의 양철 쓰레기통은 이 같은 역발상 덕분에 처음 예상했던 40달러의 25% 수준인 10달러에 판매할 수 있게 됐습니다.

직원들이 20달러 이하로는 쓰레기통을 생산하겠다는 곳이 없다고 하자, 캄프라드는 조용히 직원들을 주방으로 데리고 가 싱크대 위에 올려 있던 토마토 수프 캔을 가리켰습니다. 다음날 직원들은 토마토 수프 캔 회사와 접촉했고, 창사 이래 식품용 캔만 만들던 이 회사는 이케아를 위해 싼값에 쓰레기통을 만들기 시작했습니다. 비슷한 방식으로 이케아는 플라스틱 양동이 회사에 플라스틱 의자를 만들어 달라고 요청해 히트 상품을 만들기도 했습니다.

캄프라드는 이렇게 다양한 노력으로 가구의 제조 및 유통 원가를 낮추면 판매 가격도 그만큼 떨어뜨려 고객들이 이득을 보도록 했습니다. 원가가 떨어지더라도 판매가는 그대로 유지해 회사 수익을 높이는 회사와는 다른 조치입니다.

실제로 1990년 26유로약 3만 6000원에 팔던 탁자를 2004년에는 9.99유로약 1만 4000원까지 가격을 낮췄습니다. 1974년 82유로에 팔던 장식장도 지금은 69유로에 판매되고 있습니다. 40년간 물가가 크게 상승한 점을 고려하면 고객들이 느끼는 가격 인하 폭은 더 큽니다.

고객만 바라보고 극복한 어려움

자리 잡는
'이케아 스타일'

1980년대 미국에 짝퉁 이케아가 등장한 적이 있습니다. 로스앤젤레스 등 서부 대도시를 중심으로 교외에 대규모 매장을 짓고 조립식 가구를 싼값에 팔았지요. 하지만 이 회사는 오래지 않아 파산 지경에 이르러 이케아에 팔렸습니다. 단순히 이케아의 겉모습을 따라 한다고 이케아처럼 성공할 수 없다는 점을 보여주는 사례입니다. 그렇다면 캄프라드는 이케아의 내면에 어떤 영혼을 불어넣었을까요? 바깥에서 보는 이케아보다 훨씬 중요한 '이케아 스타일'의 실체는 뭘까요?

어느 가구상의 유언

이케아가 성장하면서 캄프라드가 현장 직원들을 직접 만나 대화를 나눌 기회도 줄어들었습니다. 엘름홀트 인근의 호수나 오솔길을 같이 산책하며 아이디어와 생각을 공유하기에는 직원 수가 너무 많아졌기 때문입니다. 2014년 말이면 이케아의 총 직원 수는 16만 명에 달하게 될 겁니다. 캄프라드가 세계 각지에 있는 이케아 매장과 공장을 매일 방문해 일이 제대로 진행되고 있는지 일일이 감독할 수도 없게 됐습니다.

학급을 이끄는 반장은 매일 같은 반 친구들과 만나서 이야기하고 자신의 생각을 직접 전달할 수 있지만, 교장 선생님은 학생들과 직접 만날 기회가 적어 자신의 생각을 일주일에 한 번 있는 조회나 선생님들과의 회의를 통해서만 이야기할 수 있는 것과 비슷한 이치입니다. 자신이 이끌어야 하는 조직의 덩치가 커지고 부하직원의 수가 늘어날수록 기업의 경영자는 교장 선생님처럼 어떻게 자신의 생각을 전달하고 직원들이 따라오게 할 수 있을지 고민할 수밖에 없습니다.

캄프라드도 마찬가지였습니다. 자신이 모든 현장에서 일일이 간섭하지 않더라도 직원들이 주인 의식을 갖고 자율적으로 일할 수 있도록 이케아 나름의 조직 문화와 일하는 방식을 만들어가야

고객만 바라보고 극복한 어려움

했습니다. 기업이 작을 때는 '캄프라드의 방식'이 있었다면 이제는 이것을 '이케아 방식'으로 확대할 필요가 생겼습니다.

캄프라드는 '어떻게 하면 직원들에게 내 생각을 간단명료하게 전달할 수 있을까?'를 '어떻게 하면 이케아 제품을 보다 많이 판매할 수 있을까?' 이상으로 고민해야 했습니다. 캄프라드가 얻은 답은 직원들에게 편지를 쓰는 것이었습니다.

모니터 화상을 통해 세계 곳곳의 이케아 지사에 자신의 모습을 중계하는 것은 1970년대에는 하기 어려운 일이었습니다. TV 방송국에서 제작하는 프로그램이라면 몰라도 말이지요. 캄프라드 자신이 많은 사람을 늘어놓고 일장 연설을 하는 것에 특별한 취미가 없었던 점도 또 다른 이유였습니다. 캄프라드는 편지에 쓰인 글이라면 직원들에게 자신의 생각을 더 쉽게 전달할 수 있을 거라고 생각했습니다.

그렇게 나온 것이 캄프라드가 1974년 직원들에게 보낸 편지인 〈어느 가구상의 유언〉입니다. 당시 캄프라드의 나이는 마흔다섯 살. 유언을 미리 써둘 만큼 나이가 든 것은 아니었습니다. 하지만 그는 "내가 지금부터 하는 이야기를 죽은 이의 유언을 지키듯이 직원들이 중요하게 생각해줬으면 좋겠다"면서 이 글에 '유언'이라는 이름을 붙였습니다.

이미 이케아는 당시 유럽 최대의 가구 회사 중 하나로 성장했지만 캄프라드는 편지에서 자신을 '가구상'으로 낮춰 부르며 직원들과의 소통을 시도했습니다. 이케아가 판매하는 가구의 품질부터 기업의 본질적인 존재 이유라는 다소 어려운 철학적 부분까지, 자신의 생각을 이야기하기에 앞서 스스로를 낮춰 부른 것입니다. 여기서 캄프라드가 이야기한 것들은 다음과 같습니다.

"이케아는 보기 좋고 질도 좋은 가구를 가능한 많은 사람이 살 수 있도록 싼값에 공급할 필요가 있습니다. 품질은 어디까지나 고객의 생활 형편을 고려하는 수준이 돼야 합니다. 품질을 지나치게 높은 수준에 맞춰서는 안 됩니다. 너무 높은 품질은 의미 없이 가격을 올리기 때문입니다. (중략)

이케아 가구는 단순히 튼튼함과 편리함 등 실용적 요구만 충족해서는 안 됩니다. 가구에는 이케아가 가진 개성이 나타나야 합니다. 우리 가구는 기존 가구보다 더 가볍고, 더 자연스럽게 만들어야 합니다. 또한, 사용자가 더 자유로운 생활을 즐길 수 있도록 만들어야 합니다."

아울러 캄프라드는 직원들에게 자신만의 방식으로 더욱 열심히 일해달라고 요구했습니다.

"직업은 단순히 먹고살기 위해 가지는 것이 아닙니다. 일하는 즐거움이 없다면 일하는 데 들이는 인생의 3분의 1만큼의 시간이 사라지는 셈이 되기 때문입니다. 근무시간에 잠깐 딴짓할 때 보는

고객만 바라보고 극복한 어려움

잡지가 노동의 가치보다 더 큰 의미를 가진다고 말할 수 있는 사람은 없을 겁니다. 행복은 목표를 이루는 것에 있지 않습니다. 그 목표를 향해가는 과정에 있습니다. 스스로 할 수 있는 일은 다 했다고 생각하는 순간, 개개인은 은퇴한 노인처럼 활력을 잃게 됩니다. 기업 역시 스스로 목표에 도달했다고 믿으면 정체에 빠지고 생명력을 잃어버립니다. 이케아와 이케아의 직원들이 오늘 성취한 것을 내일 어떻게 더 좋게 만들지 끊임없이 고민해야 하는 이유입니다. 이케아는 정체에 빠질 일이 없습니다. 아직 해야 할 일이 많기 때문입니다."

〈어느 가구상의 유언〉은 세상에 나온 지 40년이 지났지만, 이케아 직원들은 이 유언을 여전히 이케아의 정신적 뼈대를 구성하는 중요한 선언으로 이해합니다. 이케아를 취재했던 한 영국인 기자는 "이케아 직원들은 기독교인들이 성서를 떠받들 듯 〈어느 가구상의 유언〉을 중요하게 생각한다."고 말했습니다. 엘름훌트의 작은 농장에서 이케아를 창업한 지 20여 년 만에 캄프라드는 앞으로 40년, 혹은 100년간 지속될 이케아의 가치와 철학을 만드는 데 성공한 것입니다.

〈어느 가구상의 유언〉이 기대 이상으로 좋은 반응을 거둬서일까요? 캄프라드는 세상을 떠나기 전까지도 직원들과 소통할 때 전화 통화를 하기보다 글로 말하기를 좋아했습니다. 주요 임원들에게 팩스로 편지를 쓰곤 했습니다. 때로는 상대방을 지나치게 공격했다는 생각이 들어 편지가 수신자에게 도달하기도 전에 취소하려고 애를 쓰는 일도 있었지만요.

실수면허증

회사가 커지면서 캄프라드가 싫어하는 유형의 직원도 늘어났습니다. 바로 '실수가 두려워 새로운 시도를 하지 않는 직원'입니다. 사실 이런 직원들은 어디에나 있습니다. 우리나라 속담에도 '가만히 있으면 중간은 간다'는 말이 있습니다. 새로운 것을 시도하지 않고 시키는 일만 하면 칭찬 들을 일은 없지만 욕먹을 일도 없다는 의미죠. 하지만 모든 직원이 상사의 비판이 두려워서 그저 시키는 것만 하는 회사에 미래가 있을 리 없습니다.

캄프라드는 실수나 실패할 수 있다는 위험을 무릅쓰고 시도했던 새로운 모험들이 이케아를 성장시켰다는 것을 압니다. 비싼 땅값을 부담하면서 기차역 근처에 이케아 전시장을 낼 때도 그랬고, 성사 여부가 불확실한 상황에서 가구 생산 기업을 찾기 위해 폴란드행 비행기를 탈 때도 그랬습니다.

하지만 회사가 커지면서 실수를 두려워하는 직원이 늘었습니다. 캄프라드는 '이케아가 앞으로 더 성장하려면 직원들이 실수를 두려워해서는 안 돼. 회사도 직원들이 실수하는 걸 두려워하기보다는 오히려 건설적인 실수를 할 수 있도록 장려해야 해. 어떻게 하면 직원들이 실수하는 것을 부담 없이 받아들일 수 있을까?'라고 생각했습니다.

이 같은 고민 끝에 나온 것이 바로 다른 기업에는 찾아보기 어려운, 이케아 직원들에게만 주어지는 특권인 '실수면허증'입니다. 정확하게 말하자면, 실제로 실수면허증을 만들어서 직원들에게 주는 건 아닙니다. 하지만 캄프라드는 직원들에게 입버릇처럼 말해왔습니다.

"사람은 오직 잠자는 동안에만 실수를 저지르지 않는다."

실수를 두려워하지 않고 모험에 나서라고 독려하는 것이지요. 대신 무언가를 열심히 하다 실패하거나 실수하는 것에 대해서는 책임을 묻지 않습니다. 그리고 이러한 분위기가 이케아의 문화로 자리 잡게 되었습니다.

이는 이케아 스스로의 역사에서 얻은 교훈입니다. 스웨덴 남부의 작은 시골 마을에서 시작된 이케아가 경쟁자들을 하나씩 쓰러뜨리고 세계 최대의 가구 회사가 된 것은 고비마다 과감한 모험을 했기 때문입니다. 다른 가구 회사라면 상식에 맞지 않는다며 생각조차 하지 않을 법한 시도를 이케아는 많이 해왔습니다. 통조림 회사에 쓰레기통을 만들어달라고 요구할 수 있는 회사가 이케아

말고 또 있을까요? 결국 실패로 돌아간 모험도 있었지만 오늘의 이케아를 만드는 데 크게 기여한 모험도 많습니다.

캄프라드는 단언합니다. "실수는 행동하는 자의 권리이며 실수를 두려워하는 것이야말로 모든 발전의 적이다.", "세상에 100% 옳은 결정은 없고 그것을 추진력 있게 실행하는 과정에서 비로소 그 결정이 옳은 것인지 아닌지 알 수 있다"는 이유에서입니다.

때문에 이케아는 지금도 신입 사원을 뽑을 때 그 사람이 과거에 어떤 실수를 어떻게 했는가를 중요하게 봅니다. 실수를 통해 무엇을 얻었고 앞으로도 실수를 두려워하지 않을지를 세심하게 살피는 것이지요.

실제로 한 영국인 디자이너는 이케아에 들어가기 위한 면접시험에서 회사 간부들에게 "실수해본 적 있냐?"는 질문을 받았습니다. "실수해본 적 있다"고 솔직히 대답하자 한 간부는 웃으며 캄프라드의 말을 인용해 다음과 같이 답했습니다. "좋아요. 사람이 실수하지 않을 때는 오직 잠잘 때뿐이죠." 캄프라드의 생각이 회사 내에 폭넓게 관철되고 있다는 점을 잘 보여주는 대목입니다.

높임말 쓰지 않는 회사

이케아 직원들은 회사에서 예의가 없는 것으로 유명합니다. 상

고객만 바라보고 극복한 어려움

대방의 직위가 높든 낮든 반말을 하고 친구처럼 이름을 부르거든요. 캄프라드 역시 직원들에게는 이름인 '잉바르'로 불립니다.

이것뿐만 아닙니다. 이케아에는 대부분의 글로벌 대기업에 있는 임원 전용 식당이 없습니다. 식당은커녕 전용 주차장도 없는 걸요. 혹시 불만을 제기하는 임원이 있으면 캄프라드는 이렇게 말합니다.

"아무리 지위가 높은 사람이라도 이케아 안에서는 팀의 일부일 뿐이야. 의사소통이 자연스럽고 단순해야 서로를 더욱 잘 이해할 수 있어."

이 원칙이 얼마나 중요하게 지켜지는지 보여주는 사례가 있습니다. 이케아 독일지사의 노동조합이 '노동자와 경영진이 서로를 존중하는 의미에서 앞으로 높임말을 쓰자'는 제안을 했을 때 캄프라드는 "높임말을 쓰고 싶으면 쓰도록 해. 이케아를 그만둔다는 조건으로 말이야!"라며 한마디로 잘라서 거절했습니다.

이케아에서는 임원들이 정장이나 넥타이를 착용하지 않고 청바지에 셔츠 차림인 것을 흔히 볼 수 있습니다. 페이스북이나 구글 등 21세기 들어 새롭게 각광받는 정보통신IT 기업에서나 볼 수 있는 수평적인 기업 문화가 이케아에는 이미 30~40년 전부터 뿌리를 내린 것이죠.

여기서 더 나아가 이케아는 평소에는 책상 앞에서 일하는 관리

직들이 창고와 매장 등 일선에서 일해야 하는 '공무원처럼 되기 반대 기간'이 있습니다. 이 기간이 되면 아무리 높은 임원이라도 노란색 셔츠에 파란색 바지를 입고 가슴에는 명찰을 달고 매장에 나가 고객들의 질문에 답하거나 계산대에서 무거운 가구를 옮기며 계산해야 합니다. 관리자들이 현장에서 일하고 고객들을 상대하는 감각을 잊지 않게 하려는 이유도 있지만, 더 중요한 것은 이케아 구성원으로서 관리자와 현장 직원이 평등한 존재임을 잊지 않게 하려는 이유에서입니다.

많은 사람이 이처럼 이케아가 직원들 사이의 평등한 관계를 중요하게 생각하는 이유를 이케아의 뿌리인 스웨덴에서 찾습니다. 소수의 기업가나 권력자에게 돈이나 명예가 집중되지 않도록 하면서 세계적으로 유명한 복지국가를 만든 스웨덴의 국가 분위기가 이케아에 투영됐다는 설명이죠.

하지만 여기에는 무엇보다 엘름홀트에서 처음 이케아를 창업하던 시절 캄프라드의 향수가 투영됐다고 볼 수 있습니다. 캄프라드는 틈날 때마다 "엘름홀트에서 시작할 때가 좋았어!"라며 처음 이케아를 만들던 때를 그리워하곤 합니다. 부모님과 셋이서 일하는 가족 기업에서 직원이 한둘 늘어갈 때만 해도 이케아는 작고 가족적인 분위기의 기업이었습니다. 그만큼 서로 거리낌 없이 이야기하고 의견을 나눌 수 있었죠.

고객만 바라보고 극복한 어려움

캄프라드는 이케아의 직원이 16만 명으로 늘어난 2014년까지도 이케아가 하나의 가족이 되기를 바랐습니다. 이케아의 젊은 디자이너들이나 로비에 있는 직원들과도 스스럼없이 대화하며 소통했습니다. 비록 규모는 이전과 비교할 수 없이 커졌지만 처음 이케아를 시작하던 때처럼 가족과 같은 분위기를 유지해야 이케아의 성공이 이어질 수 있다고 믿었기 때문입니다. 16만 명의 회사가 직원이 3명이나 5명인 회사와 비슷한 방식으로 움직인다는 것은 현실적으로 불가능한 일이고, 캄프라드의 희망도 무모한 것일 수 있습니다. 하지만 초심을 잃지 않으려던 노력이 현재의 이케아를 만든 것일 수도 있죠.

직원들을 구두쇠로 만드는 이케아

1970년대에 자동차를 타고 폴란드 공장을 돌아보던 캄프라드는 다른 이케아 직원들과 함께 길을 잃었습니다. 동유럽 특유의 추운 날씨가 기승을 부리는 가운데 날이 차츰 저물어 갔습니다. 캄프라드와 직원들은 어디든 일단 숙소를 찾아 묵어가기로 하고 여기저기 헤맸습니다. 다행히 캄프라드 일행은 5성급 고급 호텔을 발견할 수 있었습니다. 직원들이 차를 호텔로 몰고 가려 하자 캄프라드가 반대했습니다.

"저 호텔은 너무 비싸. 지위를 막론하고 이케아 직원들이 쓸 수 있는 하루 숙박비보다 더 많은 돈을 물어야 묵을 수 있다고. 다른 숙소를 찾아보게."

캄프라드 일행은 차를 타고 몇 시간 더 들판을 헤맸지만 마땅한 숙소를 찾을 수 없었습니다. 결국 그들은 차 안에서 하룻밤을 보내야 했습니다.

이렇게 캄프라드는 소문난 구두쇠입니다. 그가 돈을 아끼는 것과 관련된 일화는 한두 가지가 아닙니다. 과일을 살 일이 있으면 항상 시장이 문 닫기 직전에 방문해 떨이로 크게 할인된 가격에 구입합니다. 이케아에서 양초 한 봉지를 사더라도 캄프라드는 꼭 직원 할인을 받습니다. 일회용 접시도 그냥 버리는 법 없이 다시 씻어 사용하고, 출장 갈 일이 있으면 항상 그 지역에서 가장 숙박비가 싼 호텔에 묵습니다. 매년 친구들에게 보내는 크리스마스카드도 그 전해 자신에게 왔던 카드에 종이를 덧붙인 뒤 인사말을 적어 보내는 식입니다.

한동안 사람들 사이에서는 '캄프라드가 호텔에 있는 음료수를 마시고는 비싼 음료값을 물지 않으려고 다음날 슈퍼마켓에서 같은 음료를 사와 채워놓는다'는 소문이 돌았습니다. 같은 음료라도 호텔 냉장고 안에 비치해둔 음료는 시중 판매가보다 두세 배 정도 비싸서 구두쇠로 소문난 캄프라드가 그냥 넘기지 않을 거라고 짐

고객만 바라보고 극복한 어려움

작했기 때문입니다. 그러자 캄프라드가 직접 나서서 "나도 그 정도로 인색하지는 않다"고 변명해야 했습니다.

2000년대 초 스톡홀름에서 열린 기자 간담회에는 타고 온 지하철표를 흔들며 나타나기도 했습니다. 가까운 거리는 아예 걸어다니고, 먼 곳은 대중교통을 이용하며, 택시는 절대 타지 않는 자신의 검소함을 보여주기 위해서였습니다. 놀라는 기자들에게 캄프라드는 "노인 할인까지 받았다네!"라며 미소를 지었습니다.

'너무 인색하다'는 주위의 비판에 대해 캄프라드는 떳떳이 항변합니다.

"큰 기업의 창업자라고 하더라도 단순한 생활 방식을 지킬 필요가 있습니다. 내가 보통 사람들과 달리 사치스러운 생활을 하게 되면 그만큼 보통 사람들의 사고방식과 동떨어질 수밖에 없습니다. 그러면 보통 사람이 무엇을 원하는지 알 수 없게 되고 이케아를 찾는 고객들을 어떻게 도와야 하는지에 대해서도 갈피를 잡지 못하게 됩니다. 보통 사람들 가까이 머물 수 있게 한다는 점에서 절약은 중요한 미덕입니다. 저는 이미 충분히 풍족한 생활을 하고 있습니다. 일할 수 있는 건강과 가족, 그리고 이케아의 직원들이 있기 때문입니다."

캄프라드는 이케아 창업 초기부터 직원들도 자신과 같은 소비철학을 가지기 바랐습니다. 단순히 가구를 싸게 만들어오는 것뿐 아니라 회사 곳곳에서 비용을 절약하기를 원했죠.

아직 이케아가 엘름홀트를 벗어나지 못하던 시절, 캄프라드는 여직원이 우표 뭉치를 탁자 위에 그대로 올려놓고 퇴근하는 것을 봤습니다. 캄프라드는 우표를 책상 안에 집어넣은 뒤 우표가 있던 자리에 우표값 만큼의 돈을 올려뒀습니다. 다음날 출근한 여직원에게 캄프라드는 "만약 돈이라면 함부로 탁자 위에 올려놓고 퇴근할 수 있었겠어? 회사 돈으로 사는 우표라 하더라도 가치가 있는 물건이라는 걸 잊지 말아야 해."라고 꼬집었습니다.

이케아의 홍보 책자에는 책자 가격도 표시되어 있습니다. 그렇다고 소비자들이 돈을 주고 이케아의 홍보 책자를 사봐야 하는 것은 아닙니다. 회사를 홍보하기 위해 고객과 기자에게 무료로 배포하는 것이니까요. 하지만 캄프라드는 "아무리 공짜로 주는 물건이라도 직원들이 그 물건을 공짜로 생각해서는 안 된다고 생각합니다. 홍보 책자가 한 부당 얼마의 돈으로 제작됐는지를 직원들이 알아야 낭비 없이 사용할 수 있을 테니까요."라고 그 이유를 설명했습니다.

때문에 이케아의 임원들은 비행기로 출장 갈 때 값이 싼 좌석만 골라서 이용해야 합니다. 이케아는 공식적으로 값싸게 출장 다닐 수 있는 비결을 모아 직원용 책자를 만들기도 했습니다. '가장 저렴하게 여행하는 법'에는 저가 항공기 이용법 등이 상세하게 담겨 있고 '이케아 호텔 목록'에는 싸면서도 편안한 호텔이 지역별로 정리돼 있습니다.

한번은 이케아의 한 임원이 비행기 일등석을 이용하기 위해 캄프라드에게 직접 전화를 했습니다. 비행기를 타고 오랜 시간 날아가 중요한 거래처 고객과 만나야 하는데 값싼 좌석이 매진돼 난처한 상황이었거든요. 하지만 캄프라드는 그 임원의 요구를 거절했습니다.

"이케아의 사전에 일등석은 없습니다. 비행기를 탈 수 없다면 자동차로 가세요."

결국 그 임원은 택시를 잡아타고 563km를 가야 했습니다.

〈어느 가구상의 유언〉에서 캄프라드는 다음과 같이 말했습니다. "오늘날 인간이 앓고 있는 가장 심각한 병 중 하나가 자원의 낭비다. 큰 낭비는 일상의 작은 부분에서 시작된다. 자원의 낭비는 이케아에서는 큰 죄다. 이케아식으로 소비하도록 하라. 그러면 아주 작은 것으로도 큰 것을 이룩할 수 있을 것이다."

스웨덴을 넘어
세계로

2014년 말 한국에도 이케아 매장이 문을 엽니다. 이케아가 자신의 '홈구장'인 북유럽 바깥으로 진군을 시작한 지 40년 만입니다. 이케아가 지금과 같이 성장할 수 있었던 것은 좁은 지역 시장에 안주하지 않았던 캄프라드의 해외 진출 전략이 있었기 때문입니다. 지금까지 살펴봤듯 캄프라드 역시 처음부터 완벽하지 않았고, 해외 진출 과정에서 많은 시행착오를 겪어야 했습니다. 중요한 것은 캄프라드가 실수를 했다는 점이 아니라 그 실수에서 항상 무언가를 배웠고 잘못을 다시 반복하지 않았다는 점입니다.

고객만 바라보고 극복한 어려움

가는 곳마다 쏟아진 질시

1974년 10월 캄프라드는 새로운 도전을 앞두고 있었습니다. 독일 뮌헨에 독일 최초의 이케아 매장을 열기로 하고 모든 준비를 마쳤습니다.

물론 스웨덴에서 큰 성공을 거둔 이케아가 다른 나라에 진출하지 않은 것은 아닙니다. 1963년에는 노르웨이에 이케아의 첫 해외 매장을 열었고 1973년에는 북유럽을 벗어나 스위스에서 영업을 시작했습니다. 하지만 노르웨이는 이케아와 같은 스칸디나비아반도에 비슷한 문화권이라는 점에서 본격적인 해외시장 진출이라고 보기에는 무리가 있었습니다. 스위스도 인구가 적어 가구 시장 규모 역시 작았기에 캄프라드의 성에 차지 않았습니다.

캄프라드는 독일 시장 공략을 다음 목표로 정했습니다. 제2차 세계대전의 폐허를 딛고 '라인강의 기적'이라 불릴 정도로 놀라운 경제성장을 기록하면서, 독일은 이미 유럽 최대의 경제력을 갖춘 나라가 되었습니다. 캄프라드는 '낭비를 싫어하고 검소한 독일 소비자들이라면 기꺼이 저렴한 이케아의 조립식 가구를 사서 자기 방을 꾸미고 싶어 할 거야. 유럽에서 가장 큰 가구 시장인 독일에서 성공한다면 다른 나라에서도 충분히 통할 거야.'라고 생각했습니다. 캄프라드는 독일 진출에 회의적인 태도를 보이는 직원들에게 "우선은 독일 가구업계에서 작은 자리라도 하나 마련해보자"고 다독이며 의욕적으로 뮌헨 매장 개장을 준비했습니다.

뮌헨 매장이 큰 성공을 거두면서 독일인들에게는 이름도 낯설던 스웨덴 가구 회사가 독일 가구업계의 새로운 강자로 떠올랐습니다. 첫해 뮌헨 매장 한곳에서만, 이케아가 모든 매장에서 판매한 가구의 10%가 팔렸습니다. 뮌헨 매장의 문을 열고 사흘간 이곳을 찾은 고객만 3만 명에 달했습니다. 독일 시장과 소비자들의 잠재력은 캄프라드의 예상을 훌쩍 뛰어넘었습니다.

캄프라드는 이듬해인 1975년 쾰른 등 2곳에 뮌헨보다 더 큰 매장을 새로 여는 등 공격적으로 독일 사업을 확장해갔습니다.

독일 시장을 개척하는 과정에서 캄프라드는 중요한 교훈을 얻었습니다. 이케아에서 조립식 가구를 구입하는 것에 생소한 현지인들을 매장으로 오게 하려면, 광고를 통해 관심을 끌어내야 한다는 점입니다. 이케아는 현지 신문광고와 고객들에게 돌리는 전단지에 많은 돈을 들여서 고객의 흥미를 끌어냈습니다.

이케아의 가장 큰 강점인 싼 가격을 홍보하기 위해 '이케아에서 가구를 구입하는 것보다 싼 것은 아무것도 하지 않는 것뿐'이라는 슬로건을 만들었습니다. 홍보 책자를 통해 '고객이 왕이 되기 위해서는 자신의 궁전을 짓기 위해 함께 일해야 한다'며 조립식 가구의 장점을 홍보했습니다.

이케아가 독일에 진출한 첫해, 독일 전체 가구 판매량은 그 전해와 비교해 오히려 5% 줄었습니다. 그렇지 않아도 어려움을 겪던 독일 내 가구 판매사들은 이케아의 진출로 더 큰 피해를 보게 됐습니다. 곧 질시가 이어졌습니다. 이케아의 고향인 스웨덴에서 시작해 이케아가 가는 곳이면 어디든 뒤따르던 경쟁자들의 시선입니다. 독일 가구 판매사들은 "이케아가 독일의 경쟁자들을 쓰러뜨리기 위해 가격을 비정상적으로 싸게 파는 덤핑을 하고 있다."고 목소리를 높였습니다. 이케아 가구의 소비자 판매가가 독일 가구 판매사들이 들여오는 원가보다 쌌기에 이 같은 목소리에 더 크게 힘이 실렸습니다.

하지만 이런 비판은 게임의 룰 자체가 다른 이케아에는 통하지 않았습니다. 이케아는 폴란드는 물론 루마니아와 동독에서도 가구를 만들어 수입하면서, 독일 내 경쟁자들을 멀찌감치 따돌릴 수 있었습니다.

결국 이케아가 진출하기 전까지만 해도 높은 가격에 가구를 팔아 수익을 올리던 독일 가구 판매사들은 하나둘 무너졌습니다. 이는 곧 이케아가 진출하는 여러 나라에서 국내 시장에만 안주하던 가구 판매업체들이 걷게 되는 길입니다. 그리고 이케아를 중심으로 가구업계의 판도가 바뀌는 사이, 그 나라 국민들은 전보다 적은 돈으로 더욱 다양한 가구를 구입할 수 있게 되었습니다.

이케아를 더 강하게 한 미국 시장

독일의 성공을 바탕으로 이케아는 매장을 계속 확대해 나갔습니다. 프랑스와 스페인, 영국 등 유럽 국가를 시작으로 캐나다와 사우디아라비아 등 다른 대륙의 국가로도 이케아의 매장은 뻗어 나갔습니다. 지역은 달랐지만 캄프라드가 내세운 원칙은 같았습니다.

"세계 어느 곳에서든 이케아 매장에서는 동일한 제품을 살 수 있어야 합니다. 많은 글로벌 기업이 각 나라의 여건과 문화에 맞는 상품을 만드는 현지화를 추구한다지만, 이케아는 여기에 동의하지 않습니다. 이케아가 이케아다워지려면 스웨덴의 색깔을 잃지 않아야 합니다. 그래야 이케아만의 독특함을 찾으려고 매장에 오는 고객들이 실망하지 않을 것입니다."

세계 어느 이케아 매장을 가든 레스토랑에는 스웨덴식 미트볼을 팔고, 스웨덴풍 디자인의 테이블보를 살 수 있는 것은 이 같은 이유에서입니다.

하지만 캄프라드와 이케아의 고집은 1985년 세계에서 가장 큰 시장인 미국에 진출하면서 큰 벽에 부딪히고 말았습니다. 미국은 세계에서 가장 큰 시장 규모를 자랑하고 있었고, 수많은 가구업체가 치열한 경쟁을 벌이고 있었습니다. 이케아가 나타나기 전까지

고객만 바라보고 극복한 어려움

소수의 가구 판매사들이 경쟁 대신 담합^{기업들이 협약이나 협정 등을 통해 서로 짜}
^{고 가격을 높이거나 생산량을 줄이는 등의 방법을 통해서 부당하게 이득을 얻는 것}을 하며 안주하던
다른 국가 시장과는 차원이 달랐습니다.

이케아는 미국 시장에 안착하기 위해 초기부터 많은 돈을 광고
등에 쏟아부었지만 성과를 거두지 못했습니다. 오히려 미국에 매
장을 내고 2년 남짓 지날 무렵에는 판매가 줄어들어 매장 문을 닫
을지 말지를 고민해야 하는 상황이 됐습니다. 게다가 미국에서는
'짝퉁 이케아'까지 출현했습니다. 미국인 기업가가 이케아의 콘셉
트를 그대로 베낀 이 회사는 이케아처럼 고객이 차를 몰고 와 조
립식 가구를 사가는 것은 물론, 이케아 레스토랑에서 판매하는 미
트볼까지 그대로 흉내 냈습니다.

어디를 가든 성공을 거듭했던 캄프라드는 처음 맞닥뜨린 생소
한 상황에 당황했습니다. 특히 미국에 와서 짝퉁 이케아가 매장을
세 곳이나 낸 것을 직접 목격한 캄프라드는 동행한 직원들을 둘러
보며 말을 잇지 못했습니다. 결국 캄프라드는 '짝퉁 이케아'를 사
들이라고 지시했습니다. '이케아 흉내 내기'로 인해서 이케아에
대한 이미지가 망가지지 않도록 하기 위해서였습니다.

짝퉁 이케아 문제를 해결했다고 해서 미국에서 안 팔리던 이케
아 가구가 저절로 잘 팔리게 된 것은 아니었습니다. 캄프라드는
다시 본질적인 질문으로 돌아갔습니다.

"도대체 왜 미국에서는 이케아 가구가 인기가 없는 것일까?"

매장을 둘러보던 캄프라드는 미국인들이 이케아 매장에 와서 유리컵은 사지 않지만, 꽃병은 많이 사간다는 사실을 알게 됐습니다. 미국인들은 음료는 마시지 않고 꽃꽂이만 좋아하는 걸까요? 캄프라드의 궁금증은 곧 풀렸습니다. 이케아에서 판매되는 유리컵이 너무 작다고 느낀 미국인들이 꽃병을 사서 음료를 따라 마신다는 겁니다.

이케아에서 판매되는 가구와 가정용품은 미국인들의 취향에 비해 크기가 작았습니다. 추수감사절에 먹는 칠면조 고기가 담긴 쟁반을 올려놓기에 이케아에서 판매되는 식탁이 작았고, 거실 장식장에는 미국인들이 선호하는 대형 TV를 넣을 수 없었습니다. 유럽인들에 맞춰 딱딱하게 만들어진 이케아의 소파는 푹신한 것을 선호하는 미국인들의 기호와 정반대되는 것이었습니다.

더 근본적인 문제도 있었습니다. '소비자가 왕'이라는 문화에 익숙해진 미국 소비자들은 자신들이 가구를 직접 운반해와 조립해야 하는 이유를 이해하지 못했습니다. 유럽의 많은 나라에서 통했던 이케아의 방식이 통하지 않게 된 것입니다.

캄프라드는 문제점을 파악했습니다.

"이케아가 스스로의 정체성을 잃어서는 안 돼. 미국 소비자들의 요구에 맞춰 모든 것을 바꾸기 시작하면 이케아다운 것은 사라지

고객만 바라보고 극복한 어려움

고 결국에는 유럽에서도 외면당할 거야. 하지만 그렇다고 해서 소비자들의 합리적인 요구까지 무시해서는 안 돼. 우리가 개선할 점은 없을지 한번 찾아보자고."

캄프라드는 직원들을 다독이면서 문제점을 하나하나 뜯어고쳤습니다. 우선 가구 디자인을 바꾸지 않는 선에서 크기를 좀 더 크게 만들도록 했습니다. 뉴욕 등 대도시에 거주하는 젊은 층은 이케아의 디자인에 열광했지만 크기가 작아 사용하기 불편하다는 의견을 많이 냈기 때문입니다. 미국인들이 딱딱하다고 생각하는 소파와 의자의 소재는 조금 더 푹신한 것으로 바꿨습니다. 캄프라드는 '푹신한 의자에 앉고 싶은 것은 미국인들뿐 아니라 모든 인간이 원하는 것이고, 그 같은 본능을 굳이 거스를 필요는 없다'고 생각했습니다.

그리고 이케아 매장 곳곳에는 고객들을 위한 매장 지도와 매장 이용 설명서가 비치되기 시작했습니다. 매장 벽은 물론, 화장실에도 이케아를 이용하는 법을 설명하는 그림이 걸리기 시작한 것도 이때부터입니다.

캄프라드는 한발 더 나아가 이케아의 계산대를 미국의 대형마트와 같은 방식으로 바꾸도록 지시했습니다. 미국 소비자들은 고른 제품을 구입하기 위해 계산대 앞에 길게 줄을 서는 것을 싫어했는데, 미국 대형마트의 계산 절차가 기존 이케아의 것보다 훨씬 효율적이었기 때문입니다.

이 같은 대대적인 변신 끝에 이케아는 미국에서도 성공할 수 있었습니다. 오늘날 이케아는 미국 전역에 38개의 이케아 매장을 두고 세계 판매량의 10%를 미국에서 판매하고 있습니다.

미국 시장에서의 고군분투는 이케아에 또 다른 선물을 안겨줬습니다. 미국 시장을 공략하기 위해 제작한 푹신한 소파와 의자가 유럽 시장에서도 인기를 끌며 이케아의 매출을 올리는 데 기여한 것입니다. 다른 나라 사람들이 시청하는 TV의 크기도 점점 커지면서 미국에서 판매하던 거실 장식장을 다른 시장에서도 판매할 수 있게 됐지요. 바뀐 계산대와 쇼핑 방법 설명서 역시 고객들이 더 편리하게 쇼핑할 수 있도록 도왔습니다.

결국 미국 시장에서 치렀던 잠깐의 곤경은 이케아를 더 강하게 만들고, 다른 나라에서 경쟁자들과의 격차를 더욱 벌릴 수 있는 기회가 되었습니다.

30년 만에 이룬 일본 진출의 꿈

일본에서는 또 다른 종류의 도전에 직면했습니다. 독일과 비슷한 1974년 일본에 매장을 낸 이케아는 얼마 가지 않아 일본 사업을 접고 철수할 수밖에 없었습니다. 일본 토종 가구 제조업체에서

고객만 바라보고 극복한 어려움

생산하는 가구들은 이케아보다 조금 비쌌지만, 품질이 좋은 데다 상대적으로 집이 작은 일본 가정에 알맞은 크기로 만들어서 소비자들이 사용하기에 편리했습니다.

게다가 일본인들은 이미 구입해 온 가구를 다시 조립해서 사용해야 한다는 사실을 다른 나라 사람들에 비해 훨씬 낯설게 받아들였습니다. 유럽처럼 정원이 딸린 집이 아니라 도심의 아파트에 거주하는 일본인들은 구입해 온 이케아 가구를 조립할 공간도 없었습니다. 지붕이 낡거나 담장이 허물어지면 수시로 정비해야 하는 단독주택과 달리 아파트는 거주자가 직접 손봐야 할 곳이 적다는 점에서 대부분의 일본인에게 공구를 들고 작업을 한다는 것은 생소한 일이었습니다.

결국 일본 사업을 접은 이케아는 이후 30년 동안 다시 일본에 상륙하지 못했습니다. 하지만 그동안 여러 가지 환경이 바뀌었습니다. 우선 1990년대 이후 일본 경제가 장기불황에 접어들면서 생활비를 아껴야 한다는 분위기가 강해졌습니다. 품질은 좀 떨어지더라도 가격이 싼 가구를 찾는 사람이 늘어난 것입니다. 이케아도 30년 전보다 강해졌습니다. 미국 등 여러 시장에서 갖은 역경을 극복하며 다양한 환경에 적응할 힘이 세진 것이죠.

캄프라드는 일본에 다시 진출하겠다는 결정을 내립니다. '일본의 상황이 과거와 달라졌고 이케아도 여러모로 변한 만큼 과거에 실패했다고 해서 다시 도전하는 것을 두려워할 필요는 없다'고 생각했기 때문입니다.

2006년 도쿄에 다시 매장을 개설한 이케아는 제품부터 손보기 시작했습니다. 이케아의 가구를 좁은 일본 가정에 맞춰 작게 다듬은 것입니다. 가구를 좀 더 크게 만들었던 미국에서와는 정반대로, 제품을 작게 바꾸면서 디자인은 그대로 유지했습니다.

일본에 다시 진출하며 시도한 가장 큰 변신은 가구를 조립한다는 이케아의 본질적인 콘셉트 자체에 있었습니다. 물론 이케아 매장에서 조립식 가구를 판매하는 데는 변함이 없었지만, 일정한 수수료를 받고 가구를 집까지 운반하거나 조립하는 일을 이케아 직원들이 대행해 주는 서비스를 도입했습니다. 가구를 직접 조립하는 것을 생소해 하는 일본인들의 관념만큼은 바꿀 수 없다고 판단했기 때문입니다.

고객과 시장을 상대하며 바꿀 수 있는 것과 바꿀 수 없는 것을 구분하고, 바꿀 수 없는 것이라면 이케아의 본질을 훼손하지 않는 가운데 최선의 해결책을 찾는 캄프라드의 장점이 돋보이는 부분입니다. 가구를 배송하고 조립해주는 서비스는 일본 외에도 중국 등 가구를 손수 조립하는 경험이 아직 생소한 국가의 이케아 매장에도 채택해, 고객들에게 이케아 가구가 더욱 편안하게 받아들여지도록 하고 있습니다.

중국으로, 그리고 한국으로

1990년대 초 한국 증권가에는 '중국 정부가 만리장성을 수리하기 시작했다'는 소문이 돌았습니다. 곧 만리장성 수리를 위해 중국이 시멘트를 수입할 거라는 기대에, 관련 기업들의 주가가 올랐습니다. 얼마 지나지 않아 제빵 기업들의 주가도 오르기 시작했습니다. 만리장성 수리에 나선 인부들을 먹이기 위해 빵을 수입할 거라는 소문이 돌았기 때문입니다. 그러더니 마지막에는 제약회사들의 주가가 올랐습니다. 빵을 급히 먹다 체한 중국 인부들이 소화제가 필요할 거라는 추측 때문이었죠.

소문에 울고 웃던 당시의 한국 증권시장이 얼마나 낙후되었는가를 소개하는 사례로 자주 인용되는 이야기입니다. 한편으로는 그만큼 중국 시장에 대한 기대감이 높았다는 점을 보여주는 예이기도 합니다.

중국 시장에 거는 기대감이 크다는 면에선 캄프라드도 예외는 아니었습니다. 1990년대 들어 언론과 인터뷰할 기회가 있을 때마다 "도저히 중국에 대한 관심을 멈출 수가 없군요. 아주 작은 책장 하나라도 13억에 달하는 중국인들이 하나씩만 사준다면 엄청나게 많이 팔리는 거잖아요."라며 흥분을 숨기지 않았습니다.

문제는 진출 시점이었습니다. 1989년 천안문 사태 등 민주화 요구가 분출한 중국의 정치는 불안해보였습니다. 이케아 매장에서 가구를 살 수 있을 만큼 중국인들의 소득수준이 충분한지도 의심스러웠습니다. 선진국에서 이케아 가구는 싼 가격이 강점이었지만, 당시까지 생활수준이 높지 않았던 중국인들에게는 이마저도 사치품에 속할 만큼 상대적으로 가격이 비싼 편이었습니다.

그럼에도 캄프라드는 중국을 계속 주목했습니다. 1990년대 들어 중국이 정치적 안정을 되찾으면서 연평균 10%가 넘는 고속성장을 지속하고 있었기 때문입니다. 베이징과 상하이 등 대도시 인근에는 한 해에 수십만 가구씩 새로운 집이 지어졌고 도심에서도 지은 지 30년이 넘은 소련식 아파트들이 현대식 건물로 탈바꿈하고 있었습니다.

캄프라드는 직원들에게 말했습니다.

"새로 집을 짓는다면 그 집에는 당연히 새 가구가 필요할 거야. 이케아의 가구가 중국인들에게 조금 비쌀 수는 있지만 세련된 유럽식 가구를 이케아보다 싸게 살 수 있는 곳은 없어. 유럽의 문화와 생활 방식을 동경하는 중국인이라면 조금 비싸도 이케아 가구를 사고 싶어 할 거야."

그리고 1995년 캄프라드는 상하이에 이케아 매장을 열기로 결정했습니다. 3년 동안 준비하여 1998년 상하이에 중국 첫 번째 이케아 매장을 열었을 때 회사는 첫날 방문객 수를 셀 수조차 없

고객만 바라보고 극복한 어려움

었습니다. 너무 많은 사람이 밀려들어 방문객을 자동으로 세는 출입구가 부서졌기 때문입니다. 중국 경찰까지 방문객을 통제하려 나섰지만 역부족이었습니다. 이듬해 베이징에 이케아 매장을 열었을 때도 상황은 크게 다르지 않았습니다. 스웨덴식 식사를 즐길 수 있고 실내 놀이 공간을 갖춘 이케아 매장을 중국인들은 단순히 가구 판매점이 아니라 에버랜드나 롯데월드와 같은 테마파크로 생각했습니다. 그래서 베이징 이케아 매장은 주말마다 3만 명 이상이 몰려 인산인해를 이루었습니다.

이처럼 중국과 일본에서의 성공을 통해 동아시아 시장에 대한 자신감을 쌓은 캄프라드는 2010년 한국 진출을 결정했습니다. 하지만 2014년 말에야 경기도 광명에 첫 번째 매장을 개설하게 된 것은 이케아가 얼마나 신중하게 새로운 국가에서의 사업을 준비하는지 말해줍니다.

한국의 이케아 매장에서 선보이는 것은 모두 앞서 여러 나라에 매장을 내고 운영하는 과정에서 하나하나 다듬어지고 개선된 결과입니다. 곳곳에 붙어 있는 구호와 포스터, 쇼핑하는 법을 친절히 설명해주는 안내 센터, 신청자에 한해 구입한 가구를 운반하거나 조립해주는 서비스 센터까지 말이죠. 이케아의 전략이 한국에서는 얼마나 많은 소비자에게 호응을 얻을지, 어떤 문제에 부딪혀 곤욕을 치르고, 또 어떻게 대응할지 하나하나가 관전 포인트입니다.

발전 단계로 보는 이케아의 성장기

스웨덴의 가난한 시골 마을 꼬마가 세계 최대의 가구 기업 이케아를 만들어낸 이야기, 재미있나요? 지금까지 쭉 이 글을 따라왔다면 알고 있겠지만, 그래도 중요한 성장 포인트를 짚어볼게요.

1. 사업의 원리를 이해하다

캄프라드는 어린 시절부터 직접 물건을 판매하며 사업의 기본 원리를 이해하기 시작했습니다. 다섯 살 때부터 할머니와 동네 사람들에게 물건을 팔긴 했지만, 본격적으로 사업을 시작한 것은 고등학교 기숙사에서부터라고 할 수 있죠. 이 과정에서 캄프라드는 물건을 더 많이 팔기 위해서는 애초에 더 싸게 물건을 조달해와야 한다는 점을 깨달았습니다.

2. 적은 돈으로 블루오션에 뛰어들다

고등학교를 졸업하고 이케아를 창업할 무렵 캄프라드는 수중에 돈이 별로 없었습니다. 그렇다고 사업 경험이 없는 어린 캄프라드에게 선뜻 거금의 창업 자금을 빌려줄 사람도 당연히 없었죠.

'내가 가진 돈으로 시작할 수 있는 사업은 뭘까?' 곰곰이 생각하던 캄프라드는 전화로 주문받고 소포로 고객이 주문한 물건을 부치는 통신판매를 시작했습니다. 사람들이 많이 모이는 도시에 비싼 임대료를 물면서 가게를 내지 않아도 되고, 부지런한 캄프라드가 열심히 발품을 팔면서 싼값에 물건을 조달할 수 있다면 고객을 모으기는 그리 어렵지 않으니, 가난한 캄프라드로서는 최선의 선택이었죠.

3. 고객들에게 이케아를 널리 알리다

하지만 비슷한 방식으로 물건을 판매하는 경쟁자들은 많았습니다. 캄프라드는 차별화를 위해 홍보 책자를 제작해 고객들에게 배포했습니다. 전화로는 물건을 볼 수 없다는 한계를 뛰어넘기 위해 홍보 책자에 자신이 판매하는 물건의 사진을 실었습니다. 이후 이 홍보 책자는 세계 전역에 이케아 제품을 알리는 전도사로 성장합니다.

4. 실제 매장을 열어 통신판매의 한계를 극복하다

홍보 책자로 고객이 제품을 살피는 방식에도 한계가 있다는 점을 깨달은 캄프라드는 전시장에 가구를 가져다 놓고 고객이 직접 가구를 살펴본 뒤 제품을 주문해 배달받을 수 있도록 했습니다. 전시장이 성공을 거두자 고객이 가구를 직접 사갈 수 있도록 전시장을 매장으로 바꿨습니다. 캄프라드가 스웨덴 여기저기에 낸 이케아 매장은 가는 곳마다 고객들이 몰리며 성공을 거둡니다. 실제 가구를 볼 수 있는 일반 가구 매장의 장점과 상품을 싸게 살 수 있는 통신판매의 장점을 결합했기 때문입니다.

5. 완제품이 아닌 조립 가구로 가격을 낮추다

캄프라드는 한발 더 나아가 가구를 조각조각으로 분리한 뒤 고객이 직접 조립할 수 있도록 했습니다. 처음에는 가구를 쉽게 배달하기 위해 낸 아이디어였지만, 이케아 매장이 늘어나면서 고객들이 직접 조립식 가구를 실어가 조립하도록 했습니다. 고객 입장에서는 조금 불편할 수도 있지만, 훨씬 싼 가격에 가구를 구입할 수 있어 큰 인기를 끌었습니다. 결혼할 때나 한번 살 수 있을 만큼 사치품이던 가구를 누구든 부담 없이 구입할 수 있도록 만든 '이케아 혁명'의 시작이었습니다.

6. 경쟁자들의 견제를 뛰어넘다

이케아의 성공은 경쟁자들의 질시로 이어졌습니다. 경쟁자들의 담합으로 인해 캄프라드는 이케아에서 판매할 가구를 납품하는 가구 제작자를 구하기 어려운 상황에 놓이게 되었지요. 캄프라드는 이 문제를 획기적으로 해결했습니다. 당시까지만 해도 자본주의 국가와 교류가 없던 동유럽의 폴란드 공장에서 가구를 납품받은 것이지요. 캄프라드는 경쟁자들의 견제도 뿌리치고 가구는 더 싸게 납품받는 일석이조의 효과를 거뒀습니다.

7. 세계시장으로 진출하다

스웨덴 국내에서 경쟁하며 이케아의 경쟁력을 끌어올린 캄프라드는 본격적으로 해외 진출에 나섭니다. 캄프라드는 어느 나라를 가든, 그 나라의 문화에 자신을 맞추기보다는 해당 국가의 고객들을 이케아의 스웨덴식 문화로 사로잡는 독특한 스타일로 성공했습니다. 다만 이케아의 기존 스타일로 개척이 힘들었던 미국, 일본 등의 시장에서는 해당 시장의 문화에 적응해가며 계속 진화하고 있습니다.

고객만 바라보고 극복한 어려움

끝까지

너의 꿈을 좇아라

조국을 버리면서까지
사랑한 이케아

다른 기업들과의 경쟁에서 일찌감치 승리한 캄프라드였지만, 그도 이길 수 없는 것이 있었습니다. 바로 스웨덴이라는 국가와 그 나라의 제도였습니다. 해외 진출 성공으로 이케아의 덩치가 커질수록 캄프라드는 마음대로 회사를 경영하기 어렵다는 느낌을 받았습니다. 결국 캄프라드는 애국심이 강한 한국인으로서는 이해하기 어려운 결정까지 내리게 됩니다.

스웨덴에서는 갈수록 가난해지는 캄프라드

캄프라드는 '이케아가 어느 나라에 진출하든 스웨덴의 색깔을 잃어버려서는 안 된다'고 직원들에게 강조합니다. 스웨덴 사람들의 생활 모습을 담은 영상이 상영되고 있는 이케아 매장 곳곳을 거닐다 보면, 스웨덴 국가 홍보관에 온 것과 같은 착각에 빠질 때가 있습니다.

하지만 역설적으로 캄프라드는 스웨덴인이 아닙니다. 이케아의 본사도 스웨덴에 있지 않습니다. 캄프라드 스스로 스웨덴 국적을 포기하고 이케아 본사도 옮겼기 때문입니다. 스웨덴 출신으로 가장 성공한 기업가가 조국을 버렸다는 불편한 진실. 태어난 국가와 강한 유대감을 느끼는 한국인의 입장에서는 이해하기 어려운 부분입니다.

하지만 속사정을 들여다보면 왜 그래야 했는지 이해가 됩니다. 캄프라드가 사업을 시작하던 시절, 그처럼 성공한 고소득자에 대한 스웨덴의 소득세율은 85%에 달했습니다. 한 달에 1000만 원을 벌면 850만 원을 세금으로 내는 셈인데, 당시 세계 최고 수준의 세율이었습니다. 2020년 기준 우리나라의 최고 소득세율이 42%니, 얼마나 높은 수준인지를 알 수 있겠지요?

이처럼 높은 세율은 오랜 세월 쌓여온 스웨덴의 정치 · 사회적 배경 때문입니다. 1932년부터 1976년까지 44년간 스웨덴에서 장기 집권한 사회민주당은 기업의 자유나 경제성장보다는 분배와 평등을 더 중요한 가치로 여기는 정당이었습니다. '국가는 국민의 가정'이라는 구호를 내걸고 국가 공동체가 의식주를 포함한 국민 생활 전반을 책임져야 한다고 강조했습니다.

1990년대 이후, 높은 소득세율을 버티지 못하고 이탈하는 기업가가 많아 스웨덴의 세금 수입이 부족해지면서 조금씩 약해지고 있기는 하지만, 요람에서 무덤까지 책임지는 것으로 이름난 북유럽식 복지는 이 같은 철학을 기반으로 탄생했습니다.

'누구나 함께 잘사는 세상'이라는 목표는 아름다웠지만 캄프라드와 같이 자신의 노력으로 자수성가한 인물들은 복지제도를 떠받치기 위해 많은 돈을 국가에 내야 했습니다. 이케아를 확장하기에도 돈이 부족했던 캄프라드는 세금을 적게 내기 위해 자신이 이케아에서 받는 급료를 일부러 낮게 책정해야 했습니다. 이때 만들어진 관행 때문에 지금도 이케아 임원들은 다른 글로벌 기업에 비해 급료를 적게 받고 있습니다.

캄프라드를 괴롭힌 것은 소득세뿐만이 아닙니다. 스웨덴에는 다른 나라에는 없는 '기업 자산세'라는 세금이 있었습니다. 기업을 세우는 과정에서 투자한 돈에 매기는 세금인데, 문제는 기업이 아니라 기업가가 내야 한다는 점이었습니다. 만약 1955년 이케아에 투자한 돈이 100억 원이고 자산세율이 1%라면, 캄프라드는 그 해에만 1억 원을 자신의 호주머니에서 내야 한다는 얘기입니다.

이케아가 성장하면서 벌어들인 이익을 다시 투자해 이케아의 규모가 커질수록 캄프라드가 물어야 하는 기업 자산세는 불어났습니다. 높은 소득세율 때문에 개인적인 소득은 크게 늘지 않는데, 내야 할 세금은 기하급수적으로 늘어나는 상황이 된 것이죠.

견디다 못한 캄프라드는 이케아에서 돈을 빌려서 자산세를 내는 지경에 이르렀습니다. 이렇게 회사에 진 빚마저도 이케아의 급성장에 따라 날이 갈수록 빠르게 늘어났습니다. 자신이 세운 기업이 성공가도를 달리는 와중에 개인 재산은 줄어들게 된 것이죠.

캄프라드의 불만은 커졌습니다. '성공한 기업가가 오히려 생활고에 시달릴 지경이 되는 사회에서는 기업 경영을 도저히 이어갈 수 없어. 내가 열심히 일한 대가를 왜 세금 내는 데 다 써야 하지?' 그리고 스웨덴을 떠나 세금이 낮은 다른 나라로 국적을 옮기는 방법을 고민하기 시작했습니다.

이케아를 창업할 때만 해도 생각지도 않았던 일입니다. 사실 이런 고민을 하는 기업가는 캄프라드뿐만 아닙니다. 최근 영국의 경제 주간지 〈이코노미스트〉의 분석에 따르면, 스웨덴의 높은 세금을 피해 해외로 이주한 부자들의 재산이 66조 원에 달하는 것으로 추정된답니다.

스웨덴에서 갈수록 경영하기 힘들어지는 이케아

그렇다고 캄프라드가 자신의 개인적 부만 생각해서 스웨덴을 떠난 것은 아닙니다. 이케아의 규모가 커질수록 스웨덴에서 경영하기가 점점 어려워진 것이 가장 중요한 이유였습니다.

1973년, 스위스 이케아 매장을 열기 위해 취리히 인근에 땅을 살 때의 일입니다. 땅을 살 돈 500만 크로나를 스위스로 송금해야 했는데 여기서 캄프라드는 큰 곤욕을 치렀습니다.

스웨덴에서 한국은행과 비슷한 역할을 하는 스톡홀름 중앙은행이 캄프라드의 계획에 반대하고 나섰기 때문입니다. 당시 스웨덴 정부와 중앙은행은 스웨덴 기업이 외국에 투자하는 것을 부정적으로 봤습니다. 투자를 명목으로 국내에서 벌어들인 돈을 해외로 빼돌린다고 의심했기 때문입니다.

길고 지루한 협상 끝에 캄프라드는 '스위스로 송금한 500만 크로나를 채울 때까지 스위스 이케아 매장에서 벌어들인 돈을 모두 스웨덴으로 보내야 한다'는 조건에 사인하고 나서야 땅을 사기 위한 대금을 스위스로 송금할 수 있었습니다.

간신히 땅을 사고 나서 그 땅 위에 매장을 짓기 위한 건축비를 내야 했을 때, 캄프라드는 스웨덴에서는 돈을 보낼 수가 없어서 스위스 현지 은행의 돈을 빌렸습니다. 스웨덴 이케아에는 돈이 쌓여 있는데도 그 돈을 쓰지 못하게 하니 스위스 현지에서 돈을 빌려야만 하고, 빌린 돈에 대한 이자까지 따로 무는 상황이 된 것입니다. 천성적으로 검소하고 남에게 빚지는 일을 싫어하는 캄프라드로서는 정말 내키지 않는 일이었습니다.

기업 활동과 세금에 대한 스웨덴의 법 규정이 바뀌지 않는 한, 이케아의 해외 진출은 어려워 보였습니다. 하지만 40년 넘게 사회민주당이 집권하고 있는 스웨덴에서는 이 같은 법 규정이 개정될 가능성이 별로 없어 보였습니다. 얼마 후 스웨덴의 제도는 오히려 캄프라드에게 더 불리하게 바뀌었습니다.

그동안 기업 자산세를 물기 위해 이케아에서 빌린 돈이 엄청나게 불어나자, 캄프라드는 이 빚을 갚을 방법을 생각해냈습니다. 자신이 갖고 있는 작은 기업 중 하나를 이케아에 팔아서 그 대금으로 돈을 갚겠다는 계획이었죠.

하지만 관련 절차가 진행되는 도중에 스웨덴 정부가 법을 바꾸고, 이 같은 방법을 불법으로 규정했습니다. 이케아라는 기업을 일으켜 수많은 스웨덴 사람에게 일자리를 제공하고, 엄청난 세금을 내는 캄프라드로서는, 자신이 스웨덴 정부로부터 존중을 받기는커녕 범죄자 취급을 받고 있다는 느낌을 지울 수가 없었습니다.

게다가 나이가 들고 자녀들이 커갈수록 이케아의 미래에 대한 걱정도 커졌습니다. 스웨덴의 상속세율은 65%에 달합니다. 그래서 자신이 갑자기 죽을 경우, 자녀들이 상속세를 감당하지 못해 이케아가 공중분해 될까 봐 캄프라드는 불안해서 잠을 이룰 수 없었습니다.

'가족들이야 남겨진 재산으로도 충분히 잘 살 수 있겠지만, 세금을 내기 위해 이케아를 이리저리 쪼개 팔면 이케아의 장래는 어떻게 될까? 아마도 더 이상 온전한 기업으로 살아남을 수 없을 거야. 내가 이케아를 얼마나 힘들게 키워왔는데!'

캄프라드의 고민은 깊어만 갔습니다. 그리고 불만을 쏟아내기 시작했습니다.

"정치가들은 기업의 기능과 기업이 내는 수익인 이윤에 대해 잘못 생각하고 있습니다. '이윤'은 멋진 단어예요. 이케아라는 기업은 이윤을 올리기 때문에 생존할 수 있고, 이케아가 있어 더 많은 사람이 더 나은 일상을 영위합니다."

캄프라드는 시간이 갈수록 자신이 스웨덴에 남아 있을 필요가 없다고 느꼈습니다.

우리나라에서도 대통령 선거 등 큰 선거가 바뀔 때마다 '기업하기 좋은 나라를 만들겠다'는 공약이 나오곤 합니다. '캄프라드 같은 기업가라면 어떨까?' 생각해보세요. 성실하게 일하고, 창의적으로 회사를 성장시켜 일자리를 많이 늘리고, 자신을 위해서는 큰돈을 낭비하지 않는 검소한 기업가. 하지만 열심히 일해서 큰돈을 벌수록 세금을 내기 위해 빚만 늘거나, 세계 무대로 진출하기 위해 해외 투자를 할라치면 혹시 돈을 외국으로 빼돌리지 않는지 국민들로부터 차가운 시선에 시달리는 입장이 된다면? 캄프라드 같은 사람이 그런 어려움을 느끼지 않도록 하는 것이 기업하기 좋은 나라의 모습일 것입니다.

덴마크로, 스위스로

1973년 스톡홀름에 있는 스웨덴 국세청에 캄프라드가 모습을 드러냈습니다. 뚜벅뚜벅 현관을 통과한 캄프라드는 국세청장을 만나서 단호한 목소리로 말했습니다.

"내 전 재산과 함께 국적도 다른 나라로 옮길 생각이오. 이케아 본사도 다른 나라로 이전해서 앞으로는 스웨덴에 세금을 납부하지 않겠소."

깜짝 놀란 국세청장은 캄프라드를 말렸지만 캄프라드의 결심은 이미 확고했습니다.

캄프라드는 국세청을 나서며 말했습니다.

"그렇다고 내가 태어난 나라를 완전히 버리는 것은 아니오. 이케아를 관리하고 가구를 설계하는 대부분의 부서는 스웨덴에 남아 스웨덴인을 고용하고 그들에게 급료를 줄 것이오. 어디까지나

불합리한 스웨덴 정부에 세금을 내지 않기 위해서 내린 결정이라는 점을 이해해 주시오."

그리고 같은 해 캄프라드는 부인과 세 명의 자녀와 함께 덴마크 코펜하겐 북쪽의 작은 해변 마을로 이주했습니다. 그와 함께 이케아 본사도 덴마크로 옮겼습니다. 기업의 핵심 기능은 대부분 스웨덴에 남기고 세금 납부의 근거가 되는 법인과 납세 관련 부문만 이주해온 만큼, 덴마크에 있는 이케아 본부의 규모는 아주 작았습니다. 캄프라드는 1978년 세금을 더 적게 낼 수 있는 스위스로 이주한 뒤 지금까지 스위스 국적을 유지하고 있습니다.

이유야 어떻든, 세금을 적게 내기 위해 태어난 나라까지 떠난 캄프라드의 행동이 이기적인 것으로 보일 수 있습니다. 실제로 스웨덴 내에서는 이케아가 있어서 늘어난 일자리에 대해서는 높게 평가하면서도 캄프라드에 대해서는 비판적인 여론이 만만치 않습니다.

하지만 앞에서 살펴봤듯 캄프라드가 스웨덴을 떠난 이후 이케아는 독일 등 주요 시장에 진출하며 본격적인 해외시장 공략에 나섰습니다. 캄프라드와 이케아가 스웨덴을 벗어나 더 많은 기업 경영의 자유를 얻었기에 가능했던 일입니다.

스위스에 정착한 캄프라드는 수시로 스웨덴을 방문하기는 했지만, 스웨덴에서 만 7000km 떨어진 나라에서 예전과 같이 일상적인 경영에 참여할 수는 없었습니다. 때마침 이케아도 세계적인 기업으로 성장하기 시작했습니다. 캄프라드는 과거와 다른 방식으로 이케아를 경영해야 할 필요를 느꼈습니다.

자식도 이케아를
망치지 못하도록

'부자도 3대를 못 간다'는 한국 속담이 있습니다. 내가 돈을 많이 벌어 부자라는 이야기를 듣고 살더라도 손자까지 부자라는 소리를 들을 만큼 부가 지속되기는 어렵다는 뜻입니다. 캄프라드도 비슷한 고민을 했습니다. 자신의 부가 아들, 손자로 상속되는 과정에서 평생을 노력해 일으켜 세운 이케아가 혹시라도 사라지지 않을까에 대해서 말입니다.

세상에 없던 지배 구조의 탄생

자수성가를 한 창업자들 역시 부모입니다. 얼마의 재산을 어떻게 자식들에게 물려줄 수 있을지 고민할 수밖에 없습니다. 캄프라드 역시 한 가정의 아버지였습니다. 20대 초반의 젊은 나이에 라디오 방송국 비서로 일하던 여인과 사랑에 빠져 일찍 결혼했던 캄프라드는 1961년 이혼의 아픔을 겪었습니다. 전 부인과 함께 입양해서 키우던 딸 아니카와도 오랫동안 만나지 못하며 외로운 시간을 보냈습니다.

업무에만 몰두하던 캄프라드는 1965년 이탈리아를 여행하다 한 스웨덴 여성을 만났습니다. '마르가레타 스테네르트'라는 이름의 그 여성은 스웨덴에서 교사로 일하고 있었습니다. 한눈에 반한 캄프라드는 청혼했고, 이듬해 둘 사이에서 첫째 아들 페테르가 태어났습니다. 캄프라드가 서른일곱 살 때 일입니다. 늦은 나이에 얻은 자식이었지요. 이후 두 명의 아이가 더 태어나서 캄프라드는 세 아들의 아버지가 됐습니다.

세 아들이 점점 자라자 캄프라드에게 걱정거리가 생겼습니다. 캄프라드는 부모 세대에 창업한 기업이 자식 세대로 경영권이 이전되는 과정에서 소유권 갈등으로 갈가리 찢어지는 것을 많이 목격했습니다. 회사 자체는 다행히 살아남더라도 부모 세대에 만들어진 모습이 많이 변하거나 활력이 크게 떨어지는 사례도 많았습니다.

'이케아가 몇몇 개인의 탐욕이나 우둔함 때문에 망하는 기업이 되면 안 돼. 내 자식이라고 할지라도 이케아를 망치게 할 수는 없지. 어떻게 하면 한 개인이 마음대로 좌지우지할 수 없도록 굳건한 기업구조를 만들 수 있을까?'

관련 전문가들과 함께 고심하던 캄프라드는 네덜란드에 비영리 재단을 세우고 여기에 자신이 갖고 있는 이케아의 소유권을 넘기기로 했습니다. 이렇게 탄생한 것이 '스티흐팅 잉카' 재단입니다. 스티흐팅 잉카 재단은 이케아와 관련 계열사들에 대한 경영권을 갖고 있는 잉카 홀딩스를 소유하고 있어서, 사실상 이케아 전체에 대한 경영권을 갖게 됐습니다. 이케아에 대한 경영상의 결정을 하는 이사회는 캄프라드 일가와 고문 변호사들로 구성됩니다. 이케아에 대한 캄프라드의 영향력은 변함이 없지만, 소유권은 재단으로 넘긴 것입니다.

캄프라드가 이처럼 독특한 소유 구조를 만든 것은 이케아가 후손들에 의해 쪼개지는 것을 막기 위해서입니다. 기업에는 그 기업에 대한 경영권을 행사할 수 있는 '지분'이라는 것이 있습니다. 기업 대표 결정은 물론이고, 기업의 주요 의사결정에도 영향을 줄 수 있어 민주주의 국가의 국민이 가지고 있는 투표권과도 비슷합니다. 그런데 기업에서의 지분은 국민 한 사람이 한 표씩 갖는 투표권과 달리, 특정 개인 몇몇에게 몰아줄 수 있다는 차이가 있습니다. 캄프라드가 죽은 뒤 이케아의 지분이 자식들에게 상속된다면 자식들은 자신이 가진 지분에 따라 이케아를 나눠 가지려 할 수 있습니다. 2014년 이건희 삼성그룹 회장의 건강이 악화되면서 삼성전자는 장남인 이재용, 신라호텔은 첫째 딸인 이부진, 제일기획은 둘째 딸인 이서현에게 소유권을 승계할 채비를 갖추는 등 삼성그룹이 자녀들에게 분산돼 상속되는 것처럼 말이죠.

하지만 이케아는 모든 지분이 재단에 있기 때문에, 캄프라드가 사망하거나 은퇴한다 해도 다른 기업처럼 소유권이 분산돼 각각의 회사로 쪼개질 가능성이 거의 사라졌습니다.

아무런 연고가 없는 네덜란드에 재단을 세운 것은 국적을 옮긴 것과 비슷한 이유에서입니다. 재단 운영에 대한 세금이 거의 없는데다 재단 설립과 활동에 대한 간섭이 가장 적은 나라가 네덜란드였기 때문입니다.

하지만 한 가지 문제가 있었습니다. 네덜란드에서는 재단이 기업을 운영할 수는 있었지만, 기업 활동으로 생긴 수익을 재단 설립자나 재단 이사에게 줄 수는 없습니다. 캄프라드 입장에서는 아무리 열심히 이케아를 경영하더라도 자신은 이케아의 성장에 따른 수익을 전혀 얻을 수 없게 됩니다.

이케아 디자인 센터

이 문제를 해결하기 위해 캄프라드는 '인터 이케아 시스템즈'라는 별도의 회사를 차리고 여기에 이케아의 상품권과 가구 디자인 등에 대한 지적재산권을 넘기도록 했습니다. '이케아'라는 회사 이름부터 고객에게 많이 팔리는 책장의 디자인권까지 인터 이케아 시스템즈가 가지게 되었습니다. 그리고 이케아는 해당 지적재산권을 사용하는 대가로 매년 전 세계 매장에서 벌어들이는 수익의 3%를 인터 이케아 시스템즈에 지불해야 합니다. 인터 이케아 시스템즈의 소유 구조가 복잡하게 얽혀 있어서 정확하게 알 수는 없지만, 캄프라드는 이 회사를 통해 수익을 얻고 있는 것으로 분석됩니다.

인터 이케아 시스템즈에는 또 다른 장점도 있었습니다. 디자인과 상품권 등에 대한 소유권이 분리돼 있다 보니 이케아를 누가 경영하건 자기 마음대로 이케아의 정체성을 바꿀 수 없게 된 것입니다. 만약 한국 광명점의 이케아 지점장이 다른 나라 매장에는 있는 놀이방을 없애거나 매장 안에 한국식 식당을 하나 두려고 한다면 인터 이케아 시스템즈에 해당 사실을 알리고 허가를 받아야 합니다.

이렇듯 이케아의 소유 구조는 다른 기업에서는 유례를 찾아보기 어려울 정도로 복잡합니다. 돈을 더 많이 버는 것만이 캄프라드의 목적이었다면, 이케아의 소유권을 재단에 넘길 필요는 없었을 겁니다. 세계적인 기업으로 성장한 지금도 이케아는 증권시장에 상장되지 않은 회사라, 캄프라드의 개인기업과 다를 바 없었을 테니까요. 자신이 세상을 떠나도 이케아만은 계속 살아남게 하겠다는 캄프라드의 의지가 투영된 결과로 볼 수 있습니다.

이케아의 소유 구조를 바꾼 뒤 캄프라드는 다음과 같이 자신의 신념을 강조했습니다.

"저는 언젠가 죽을 것입니다. 하지만 지구에 사람이 사는 집이 남아 있는 한, 이케아도 남아 있을 것입니다."

경영은 누구의 손에?

이케아의 소유 구조 개편을 마무리한 1980년대 중반, 캄프라드는 일선에서 이케아를 경영할 전문 경영인에 대해 고민하기 시작했습니다. 스티흐팅 잉카 재단을 통해 이케아와 관련된 큰 결정을 내리는 데는 큰 어려움이 없었지만, 일상적으로 기업을 경영하는 것은 또 다른 문제였습니다. 이케아 그룹 회장의 책상에는 해결해야 할 현안이 매일 수북이 쌓였습니다. 회사 안팎에서도 캄프라드가 경영의 최일선에서 한발 물러설 거라는 관측이 나오기 시작했습니다.

하지만 누구에게 기업 경영을 맡길지가 문제였습니다. 큰아들인 페테르도 아직 20대 초반에 불과해 이케아처럼 큰 회사를 경영하기에는 경험이 부족했습니다.

캄프라드는 예순이 되던 1986년, 회사 경영을 서른여섯 살 젊은이 안데르스 모베리에게 넘기겠다는 발표를 했습니다. 이케아 직원들은 깜짝 놀랐습니다. 여러 가지 상황을 고려할 때 캄프라드가 회장 자리를 이케아 직원에게 물려줄 거라고 생각하기는 했지만, 그렇다고 해도 모베리는 나이가 너무 어렸기 때문입니다.

"최고 경영자로서 나이가 좀 젊기는 하지만 모베리는 10대 시절부터 20년 가까이 이케아에서 일해왔습니다. 따라서 누구보다 우리 회사를 잘 이해하고 있다는 점을 알아줬으면 해요. 모베리가 독일과 프랑스의 이케아 매장에서도 좋은 경영 실적을 올린 점을 감안할 때, 세계적 기업이 된 이케아를 잘 이끌어나갈 수 있다고 믿습니다."

캄프라드는 모베리를 선택한 이유를 이렇게 설명했습니다.

캄프라드는 자신과 이케아의 뿌리인 스웨덴과 엘름홀트를 아주 중요하게 생각했습니다. 모베리는 엘름홀트에서 2km밖에 떨어지지 않은 농장에서 태어났으니, 캄프라드에게는 같은 고향 사람인 셈이었습니다. 1999년 모베리가 회사를 그만둔 뒤 이케아를 이끌게 된 안데르스 달비그 역시 엘름홀트가 있는 지역인 스몰란드 출신입니다.

캄프라드는 이케아가 글로벌 기업으로 성장할수록 스웨덴적인 것을 유지해야 한다고 생각했습니다. 스웨덴에 대해 세계인들이 느끼는 매력이 이케아의 브랜드를 돋보이게 한다고 생각했기 때문입니다. 캄프라드가 보기에 이케아의 최고 경영자는 경영 수완이 뛰어난 동시에 스웨덴을 잘 이해하고 있는 인물이어야 합니다. 모베리도 이렇게 말했습니다.

"이케아에서 승진을 원하는 외국인 직원이 있다면 스웨덴어를 배우길 바랍니다. 그렇게 해야 제대로 이케아의 문화와 분위기, 가치를 이해할 수 있기 때문입니다. 실제로 이케아는 스웨덴인이 아닌 직원에게 가능한 한 자주 스웨덴과 접촉할 수 있도록 장려합니다. 휴가 때 스웨덴으로 여행갈 수 있도록 지원하기도 하지요."

이케아는 매년 5월 전 세계 매장에서 여름과 햇빛을 기념하는 스웨덴식 여름 축제를 개최하며 직원들의 참여를 독려합니다. 스웨덴 문화를 강조하는 것을 넘어 승진 등에서 스웨덴인을 중시하는 캄프라드의 경영 방침은 다른 나라 출신 직원들에게는 불리할 수도 있습니다. 캄프라드는 자신을 대신해 이케아를 경영할 인물로 스웨덴을 잘 이해하고 있는 사람을 바라고 있거든요.

이케아 회장 자리에 전문 경영인을 앉혔다면 캄프라드의 세 아들은 어떻게 됐을까요? 2014년, 여든여덟 살인 캄프라드는 복잡하게 얽힌 이케아의 소유 구조에서 자신이 가지고 있던 자리를 하나씩 물려주고 있습니다. 2013년 말 캄프라드는 성이 '캄프라드'인 사람 중에는 한 명만 참여할 수 있는 스티흐팅 잉카 재단 이사회 멤버 자리를 큰아들 페테르에게 넘겼습니다. 이케아 운영에 따른 직접적인 수익을 얻을 수 있는 인터 이케아 이사직은 셋째인 마티아스가 맡았습니다. 캄프라드는 세상을 떠나기 전까지 고문으로서 그룹의 중요한 의사 결정에는 관여했지만, 명목상의 직위는 대부분 내려놓았습니다.

이케아의 회장 자리는 2015년 1월, 역시 스웨덴인인 라스 요한 야르하이머가 맡았고, 2017년에는 예스페르 브로딘이 CEO 자리에 올랐습니다.

끝까지 너의 꿈을 좇아라

캄프라드가
창조한 세상

기업은 단순히 돈만 버는 곳이 아닙니다. 때때로 세상을 바꾸기도 합니다.
미국의 자동차 회사 포드가 자동차를 대중화시키면서 도시의 거리 풍경이
바뀌었습니다. 일본 전자 회사 소니가 휴대용 카세트 플레이어를 발명하면
서 사람들은 어디서든 간편하게 음악을 들을 수 있게 됐습니다. 이케아도 마
찬가지입니다. 캄프라드는 이케아를 통해 세계의 가정을 바꾸고 있습니다.

가구에 대한 생각을 바꾸다

낡은 전등 하나가 사람의 손에 들려 나와 집 바깥에 버려집니다. 주인은 새 전등으로 집 안을 밝히고, 더 밝아진 빛에 기뻐합니다. 바깥에 버려진 전등과 상반된 주인의 표정. 버림받은 전등의 고난은 끝이 아닙니다. 비까지 내리며 흠뻑 젖어버려 몰골이 더 초라해집니다. 설상가상으로 거리에 어둠이 깔리며 분위기는 더욱 우울하게 느껴지지요. 그때 한 스웨덴 남자가 나타나 이렇게 말합니다.

"이 전등이 불쌍해 보이시나요? 그렇다면 당신은 제정신이 아닌 거네요. 전등은 아무것도 못 느낍니다. 새것이 더 좋습니다."

2006년 미국에서 방영된 이케아 광고의 내용입니다. 직접 출연하지 않았지만, 캄프라드가 하고 싶은 말을 이 스웨덴 남자가 대신했다고 볼 수 있습니다. 좀 불편하더라도 낡은 가구에 애착을 느끼고 가능한 한 오래 사용하고 싶어 하는 이들에게 캄프라드는 "새 가구를 싼값에 사서 쓸 수 있는데 왜 오래된 물건에 집착하느냐?"고 묻습니다.

1987년에 나온 영국 광고에는 잠옷을 입은 여자가 침대 위에서 시청자들에게 말을 건넵니다. "이 침대는 잠옷보다 싸답니다."

이런 식으로 캄프라드는 가구에 대한 관점을 바꿔왔습니다. 이케아 가구는 비록 명품은 아니지만 10년, 20년 이상의 세월을 가족과 함께할 수 있을 정도로 튼튼합니다.

"다수의 편에 서겠다!"고 선언하고 가구의 판매가를 낮추기로 결정한 순간부터 캄프라드는 과거의 가구 회사들과 다른 길을 갔습니다. 적당히 쓰고 적당히 버릴 수 있는 가구를 적당한 값에 구입할 수 있도록 만들었습니다.

그 결과 이케아가 탄생하기 전과 후, 가구에 대한 세계인들의 생각은 바뀌었습니다. 이제는 아무도 가구를 부모님으로부터 물려받아야 사용할 수 있는 비싼 물품이라는 생각을 하지 않게 됐습니다. 결혼할 때 혼수로 장만해야 하는 값비싼 물품이라는 관점도 바뀌었습니다.

노동이 아닌 레저가 된 가구조립

스웨덴 사람들은 친구들과의 내기에서 진 사람에게 특이한 벌칙을 내립니다. 바로 이케아 가구를 조립하는 것입니다. 이케아 가구가 일반인들의 생활에 그만큼 가까이 있다는 것을 의미하는 동시에, 이케아 가구를 조립하는 일이 그리 쉽지만은 않다는 것을 보여줍니다.

캄프라드가 이케아 매장을 조립식 가구로 채우면서 이케아에는 다른 가구 매장에서는 볼 수 없는 특이한 코너가 생겼습니다. 바로 나사와 전동공구를 파는 곳입니다. 이케아에서 조립식 가구를 사가는 고객들이 집에 돌아가서 가구를 좀 더 쉽게 조립할 수 있도록 판매하는 물품입니다.

"가구를 내가 직접 운반하고 조립해야 하는 건 물론이고, 조립에 필요한 공구까지 따로 사야 한다고요? 내가 왜 이런 불편을 감수해야 하죠?" 이런 질문을 던지는 고객들에게 캄프라드는 다음과 같이 말합니다.

"이케아가 가구를 싸게 팔 수 있는 것은 그만큼 고객 여러분이 스스로 할 수 있는 일을 직접 해주시기 때문입니다. 여러분이 가구에 들이는 노력 하나하나가 부담 없는 가격으로 이케아 가구를 살 수 있는 결과로 이어집니다."

캄프라드가 의도했다고 보기는 어렵지만, 이케아 가구를 조립하는 과정은 단순히 가구를 싸게 구입하는 것 이상의 가치를 고객에게 안겨주기도 합니다.

이케아에서 구매한 가구를 스스로 조립하면서 자신이 무언가를 만드는 것에 재주가 있다는 점을 발견하는 고객이 많습니다. 일상의 많은 부분이 컴퓨터로 처리되는 요즘 같은 시기에 흔치 않은 경험이지요. 가족들이 함께 모여 이케아 가구를 조립하는 것 역시 공동으로 생산적인 일을 하는 경험을 제공합니다. 그리고 이렇게 만들어진 가구는 단순히 완성품으로 구입한 가구보다 더 많은 애착을 느끼게 합니다. 구체적으로 어떻게 작업하라는 건지 조립 설명서의 문구를 제각기 해석하고, 못을 잘 박으려면 어떻게 해야 하는지 고민하는 사이에 말입니다.

가구를 조립하는 것이 힘든 노동이 아니라 재미있는 레저로 받아들여진 것입니다. 가구를 최대한 납작하게 만들어 포장과 운반에 들어가는 비용을 최소화하려는 캄프라드의 시도가 세계인들의 생활양식 자체를 바꾸고 있는 셈입니다. 정말로 그렇게 느낄 수 있는지 의심스럽다고요? 그럼, 이번 주말 이케아의 조립식 가구 하나를 사서 가족과 함께 포장을 뜯어보세요. 그리고 실제로 그런 느낌이 드는지 체험해보세요.

'꽃무늬를 쫓아내자!' 정치 구호가 된 광고 카피

캄프라드는 더 나아가 여러 나라 국민들의 미적 취향까지 바꾸고자 했습니다. 국가에 따라 크기의 차이는 조금씩 날지언정, 이케아 가구의 디자인은 전 세계 어디서나 똑같습니다.

캄프라드는 "우리가 각 나라 국민들의 취향에 맞춰 디자인을 바꾸는 순간, 이케아의 개성은 사라집니다. 더 나아가 경쟁자들에 비해 가구값이 크게 낮다는 이점도 위태로워집니다. 이케아의 가구가 싼 이유 중 하나는 동일한 가구를 대량 생산해 그만큼 가구당 생산 비용을 낮췄기 때문입니다. 그런데, 가구의 종류가 늘어날수록 이 같은 장점은 사라집니다.'라고 설명합니다.

대신 캄프라드는 '이케아를 개별 국가 국민들의 취향에 맞추지 말고 여러 나라 사람들의 취향을 이케아에 맞추도록 하라'고 직원들에게 주문했습니다.

1990년대 영국 시장이 단적인 예입니다. 이케아의 가구는 현대적인 디자인에 무채색으로, 다소 차가운 느낌을 줍니다. 이는 영국인들이 좋아하는 고풍적인 디자인에 밝은 색상의 가구와 많이 달랐습니다. 현지 이케아 매장에서는 '이런 디자인으로는 가구가 잘 팔리지 않으니, 색상과 모양을 영국인의 취향에 맞게 바꿔야 한다'고 캄프라드에게 호소했습니다. 하지만 캄프라드의 입장은 변함이 없었습니다. "어떤 방법을 통해서든 소비자들의 취향을 바꿀 방법을 찾아보세요."라고 지시했습니다.

1996년 이케아 영국 매장은 '꽃무늬를 쫓아내자'는 표어를 내걸고 도발적인 광고를 시작했습니다.

꽃무늬는 지금까지 영국식 가구와 실내장식을 상징하는 단어였습니다. 이케아는 TV 광고에서 '꽃무늬를 쫓아내자'는 구호를 외치며 손을 내지르는 영국 주부들의 모습과 함께, 전통적인 영국식 가구로 꾸며진 집을 이케아의 가구로 바꿨을 때 이미지가 어떻게 변하는지 보여줬습니다.

광고에 삽입된 노래도 인기를 끌었습니다. "꽃무늬가 우리 집을 유치하고 어지럽게 보이도록 만들고 있어. 꽃무늬가 있는 커튼도, 테이블보도, 소파도 바깥으로 던져버려. 봐! 이케아 가구로 바꾸니 집도 넓어지고 한층 여유로워졌잖아. 자유로운 줄무늬가 더 편안한 느낌을 주네."

처음 광고를 만들었을 때만 해도 이케아 직원들은 걱정을 많이 했습니다. 영국인들에게 친숙한 가구 디자인을 촌스럽다고 비판하는 광고가 혹시 영국 소비자들의 기분을 상하게 해서 판매에 지장을 줄까 봐 겁이 났던 것입니다.

하지만 광고는 대성공을 거뒀습니다. 광고가 나간 뒤 이케아의 영국 판매량은 두 배로 증가했기 때문입니다. 더 나아가 '꽃무늬를 쫓아내자'는 표현이 유행하기도 했습니다. 가구와 인테리어를 넘어 정치 및 사회 영역에서도 오래된 것들을 바꾸자는 혁신의 구호로 사용된 것입니다.

1997년 토니 블레어가 마흔네 살의 젊은 나이로 영국 총리가 됐을 때 기자들은 블레어가 총리 관저에서 무엇을 하고 있는지 물었습니다. "꽃무늬를 쫓아내고 있답니다." 총리 측근의 답변은 새로운 변화를 예고했습니다.

고집스러워 보이는 캄프라드의 생각이 결국에는 승리한 셈입니

이케아가 제시하는 심플한 인테리어

다. 영국 국민을 비롯한 세계 여러 나라 사람들로 하여금 새로운 가구 디자인과 인테리어에 눈을 뜨게 했다는 점에서 말이죠. 이케아는 이런 방식으로 세계의 집 안 모습을 바꿔가고 있습니다.

완벽하지 않은 캄프라드

지금까지 우리는 이케아의 창업자 잉바르 캄프라드에 대해 알아봤습니다. 그는 이케아를 창업해 세계 최대의 가구 판매회사로 성장시켰습니다. 그리고 가구를 둘러싼 거의 모든 것을 바꿔놨습니다.

하지만 한 개인으로서 캄프라드는 단점도 많은 사람입니다. 젊은 시절 캄프라드는 스웨덴의 나치 조직에서 활동했습니다. 캄프라드의 할아버지와 할머니가 독일인이었고 당시에는 히틀러를 추종하는 사람들이 독일 이외의 국가에도 많았다고는 하지만, 나치의 이름으로 행해진 범죄를 볼 때 비판받아 마땅한 부분입니다.

이케아를 창업한 이후에는 알코올 중독에 빠지기도 했습니다. 스웨덴은 추운 기후 탓에 따뜻한 나라 사람들보다 술을 많이 마시는 문화가 자리 잡고 있습니다. 게다가 사업상 처음 보는 사람들과 친해져야 했기에 술을 마실 기회가 부쩍 늘어났습니다. 서른을 갓 넘긴 젊은 시절, 캄프라드는 알코올에 지나치게 의존하는 모습을 보이기도 했습니다.

또, 캄프라드가 이케아 직원들에게 강조한 '가족적인 문화'는 종종 직원들에게 스트레스로 작용하기도 합니다. 캄프라드는 "이케아는 거대한 가족인 만큼 직원들은 가족의 일원으로서 이케아에 최선을 다해야 한다"고 자주 말합니다. 직원들이 가능한 많은 시간을 회사에서 보내길 원하고 개인적인 취미생활을 즐기는 것에 대해서까지 못마땅해 하곤 합니다. 그럼에도 이케아는 다른 글로벌 기업에 비해 적은 봉급을 줍니다. 보기에 따라서는 '가족'이라는 이름으로 후진적인 기업 문화를 강요하고 있는 것으로 보일 수도 있습니다.

아울러 스스로 의도한 것은 아니지만, 이케아에서 팔리는 가구를 만드는 몇몇 회사가 미성년자를 고용했다는 사실이 밝혀지며 여론의 화살이 캄프라드를 향하기도 했습니다. 이케아에서 팔리는 일부 가구에서는 환경호르몬이 나오는 것으로 조사돼 곤욕을 치른 일도 있죠.

이렇게 캄프라드의 잘못을 하나씩 꼽아보면 완벽한 인간과는 거리가 멉니다. 하지만 최소한 캄프라드는 자신의 문제를 알고 그것을 고치려 적극적으로 노력해왔습니다.

젊은 시절 나치에 참여했다는 사실이 밝혀졌을 때, 캄프라드는 변명하지 않고 직원들 한 명 한 명에게 편지를 보내 자신의 잘못

끝까지 너의 꿈을 좇아라

을 인정했습니다.

"여러분에게도 젊은 시절은 있었을 것입니다. 그리고 오랜 시간이 흐른 후 돌이켜보면 그때 저질렀던 어처구니없고 어리석은 짓들을 발견할 것입니다. 나는 내 인생 최악의 실수를 몹시 후회하고 있습니다."

이 같은 진심이 담긴 캄프라드의 편지를 읽고, 직원들은 "잉바르, 당신이 필요로 할 때면 언제든 우리가 함께하겠습니다."라는 말로 그의 잘못을 용서했습니다. 직원들의 용서를 받으며 캄프라드는 흐느껴 울었습니다.

알코올 중독 문제와 관련해서도 캄프라드는 술을 완전히 끊지는 못했지만 알코올 중독에서 빠져나오기 위해 노력했습니다. 일 년에 세 차례씩 3~4주간 술을 입에 대지 않았습니다.

지금까지 캄프라드가 이룩한 것을 보면 여러분과는 아주 동떨어진 사람으로 보이지만, 그도 완전한 인간은 아닙니다. 창업에 남다른 열정이 있었던 것은 분명하지만, 자신의 목표를 향해 차근차근 노력했기에 지금의 위치에 설 수 있었습니다. 자신의 단점과 잘못을 겸허히 받아들이고 하나씩 고쳐갔던 것도 중요한 장점입니다.

아직은 까마득해 보이는 목표일지라도 여러분도 열정을 갖고 지금부터 노력한다면 언젠가는 결실을 얻을 것입니다. 캄프라드가 자신의 직원들에게 편지를 보낼 때면 항상 다음과 같은 문장으로 끝을 맺듯이 말입니다.

"우리는 이제 막 시작했을 뿐입니다. 영광의 미래가 우리를 기다립니다!"

이케아를 이케아답게 하는 것들

1. 불편하게 쇼핑하기

"여기서 나가려면 어떻게 해야 하죠?"

이케아 매장의 직원들이 고객들에게 가장 많이 듣는 질문 중에 하나입니다. 이케아 매장에서는 들어왔던 길로 다시 나가는 것이 불가능합니다. 2층에서 3층으로 올라가는 길에는 올라가는 에스컬레이터만 나란히 2개가 있습니다. 다시

이케아 매장

2층으로 내려가려면 꼬불꼬불한 3층 매장을 모두 통과해야만 합니다. 그나마도 화살표를 잘 따라가지 않으면 중간에 몇 번을 헤매야 겨우 찾을 수 있을 지경입니다.

하지만 이케아를 찾은 고객들이 이런 상황에 짜증을 내는 일은 그리 많지 않습니다. 그렇게 헤매는 동안에도 다른 매장에서 볼 수 없는 색다른 가구와 기발한 가정용품을 종종 발견하기 때문입니다. 중소형 아파트의 내부를 그대로 옮겨놓은 듯한 코너에서는 이케아 가구와 소품으로 어떻게 집 안을 장식할 수 있는지 살펴볼 수 있습니다. 집 안 구석구석을 단장하는 방법을 제안한 가구와 소품을 보면서 미로를 헤매는 사이, 구입할 물품을 하나씩 집어 들게 됩니다.

이케아 매장의 가장 특이한 부분은 이같이 미로처럼 만들어진 가구 및 소품 전시장과 조립식 가구를 실어가는 매장이 분리돼 있다는 점입니다. 이케아에 들어선 고객들은 일단 위층으로 이동해 자신이 살 가구나 소품을 고릅니다. 작은 소품은 바로 골라 담을 수 있지만, 가구는 메모지에 가구 이름과 제품 번호, 매장 위치를 써둡니다. 이케아에서만 볼 수 있는 작은 연필과 메모지가 전시장 군데군데 놓여 있는 것은 바로 이 때문입니다.

미로를 돌고 돌아 1층 매장까지 내려왔다고 해서 숨바꼭질이 끝난 것은 아닙니다. 메모지에 쓴 매장 위치를 보고 자신이 전시장에서 고른 조립식 가구를 찾아야 하기 때문입니다. 매장이라기보다는 창고에 가까운 거대한 진열대 사이를 누비며 원하는 가구를 하나씩 카트에 실으면 이제 비로소 쇼핑이 마무리 단계에 들어섭니다.

이처럼 이케아에서 쇼핑을 한다는 것은 다른 곳에서 물건을 고르는 것과는 전혀 다른 경험입니다. 불편함을 느낄 때도 있지만, 규칙을 제대로 이해한다면 색다른 경험을 하게 됩니다. 이케아 매장 곳곳에 쇼핑 방법을 설명하는 그림과

끝까지 너의 꿈을 좇아라

풋말이 붙어 있는 것도 이 같은 이유에서입니다.

계산을 하고 나오면 바깥에는 핫도그와 아이스크림 등 간단한 간식을 파는 가게가 있습니다. 거기서 잠깐 쉬십시오. 아직 조립식 가구를 실어 집까지 운반해서 다시 본격적으로 조립하는 일이 남아 있으니까요.

2. 홍보 책자

이케아의 고향인 스웨덴 엘름홀트에는 유럽 최대의 사진 스튜디오가 있습니다. 8000㎡의 면적에 방과 거실, 주방을 재현한 96개의 세트가 있고, 전속 사진사도 35명이나 됩니다. 이들은 하루 종일 이케아의 가구와 생활용품을 세트 속에 배치하고 촬영하는 일을 합니다. 바로 전 세계 이케아 고객들에게 배포되는 이케아 홍보 책자를 만들기 위해서입니다.

매년 가을 배포되는 이케아 홍보 책자에 수록되는 가구 및 가정용품의 가짓수는 4000여 개에 이릅니다. 이케아의 홍보 책자는 28개 언어로 번역돼 세계 전역으로 배달됩니다. 2012년을 기준으로 자그마치 2억 1000만 부가 배포됐습니다.

목가적인 스웨덴의 전원 풍경을 배경으로 빛이 환하게 들어오는 거실에 배치된 이케아 가구의 사진을 보고 있으면, 내가 구입한 이케아 가구가 어떻게 내 삶을 좀 더 풍족하게 해줄 수 있는지 쉽게 느낄 수 있습니다. 사각형으로 납작하게 포장되어 있는 조립식 가구가 집으로 운반된 후 형태를 제대로 찾았을 때 어떻게 각자의 공간에 섞여들 수 있는지를 보여줍니다. 이케아의 가구와 수납상자를 이용해 생활공간을 어떻게 정돈된 모습으로 만들 수 있는지에 대한 아이디어가 가득합니다.

'성경보다 더 많이 읽힌다'는 평가가 있지만 실제로 홍보 책자를 보며 자기 집을 어떻게 꾸밀지 고민하는 세계인들을 보고 있으면 이케아 홍보 책자는 말 그대로 '인테리어의 성경'이라는 느낌이 듭니다.

이케아 홍보 책자는 캄프라드가 이케아를 창업한 직후인 1950년대 초 고객들에게 돌리기 시작한 〈이케아 뉴스〉에서 시작했습니다. 캄프라드는 자신이 통신으로 판매할 제품들

이케아 홍보 책자

의 정보를 〈이케아 뉴스〉에 수록해 고객들에게 배송했습니다. 초반에는 가구 이외에 만년필을 비롯해 다양한 물품을 판매했던 만큼 〈이케아 뉴스〉에 오늘날과 같이 가구만 실린 것은 아니었습니다.

캄프라드는 〈이케아 뉴스〉를 비롯한 홍보 책자들이 장기적으로 고객을 유인하는 효과를 끌 수 있을 거라고 생각했습니다.

"물론 처음 이케아 홍보 책자를 본 고객들은 딱히 신경을 쓰지 않고 어딘가에 홍보 책자를 치워둘 거야. 하지만 한 해 한 해 홍보 책자가 계속 배달되면 어쩌다 심심할 때 눈여겨보는 상품이 생기고, 그러다 보면 구매하고 싶은 가구를 찾아 이케아를 방문하게 될 수도 있는 거지. 그러니 홍보 책자만큼은 만드는 비용을 생각하지 말고 좀 더 많이 배포한 뒤 고객들이 원하는 상품을 선택할 때까지 인내심을 갖고 기다리는 게 좋아."

3. 레스토랑

이케아 매장에 갈 일이 있다면 꼭 잊지 말고 해봐야 하는 것이 있습니다. 그것은 세계적으로 가장 많이 판매된 책장인 '빌리'를 보는 것도, 내구성을 자랑하는 소파에 앉아보는 것도 아닙니다. 바로 이케아 매장 내에 있는 레스토랑에 가서 미트볼을 맛보는 것입니다. 세계적으로 연간 1억 5000만개가 판매되는 이케아의 미트볼은 이케아 매장을 단순히 가구 판매점을 넘어 여행 명소로 탈바꿈시켜주는 상품입니다.

1970년대 초 스웨덴 스톡홀름 매장에서 처음 문을 연 이케아 레스토랑은 캄프라드의 아이디어에서 나왔습니다.

이케아 레스토랑

"아니, 가구 매장 한가운데서 음식을 판다고요? 말도 안 됩니다!"

부하 직원들은 반대했지만, 캄프라드는 레스토랑 오픈을 밀어붙였습니다.

"배고픈 사람은 가구도 사지 않을 거야."

그리고 지금은 세계 전역의 이케아 매장을 방문하는 고객들은 여기서 미트볼과 스웨덴식 연어 요리를 맛볼 수 있습니다.

여기에는 단순히 배고픈 고객의 허기를 채워준다는 것 이상의 의미가 있습니다. 바로 가족들이 즐겁게 나들이할 수 있는 곳으로 이케아 매장을 꾸미자는 것입니다. 대부분의 이케아 매장은 대도시 중심가에서 조금 떨어진 위치에 있습니다. 고객이 직접 조립식 가구를 운반해야 하는 특성 때문에 이케아 매장까지 자동차를 운전해와야 합니다. 캄프라드는 "이케아가 단순히 가구를 사는 곳이 아니라 가족들이 주말 나들이 가는 곳이 된다면 이케아까지 자동차를 몰고 오는 게 훨씬 즐거울 거야."라며 매장을 갖가지 아이디어로 꾸몄습니다.

이케아 레스토랑에서 제공되는 음식들의 값이 싼 것도 이 때문입니다. 음식의 가격은 거의 다 5000원 이하입니다. 으깬 감자와 함께 제공되는 미트볼 10개는 한국 돈으로 2000원 남짓이고, 스파게티도 4000원을 넘지 않습니다. 웬만한 분식집보다 값이 쌉니다. 물론 구두쇠인 캄프라드로서는 이케아 레스토랑을 운영하면서 손해를 볼 생각은 추호도 없겠지만, 그렇다고 음식을 팔아 돈을 벌겠다는 생각도 하지 않습니다. 이케아 레스토랑은 어디까지나 가족 단위 고객들이 이케아를 찾아야 할 이유를 제공하기만 하면 된다고 생각하기 때문이죠. 아이들을 위해 많은 돈을 들여 유럽식 실내 놀이터를 매장 안에 마련한 것도 같은 이유에서입니다.

이케아 레스토랑은 또 한 가지 중요한 역할을 합니다. 바로 '스웨덴 문화의 전도사'가 된다는 것이죠. 이케아 레스토랑의 식단을 조금만 살펴보면 알 수 있

이케아 레스토랑의 베스트 메뉴, 미트볼

습니다. 미트볼에는 작은 스웨덴 국기가 꽂혀 있고 샐러드에는 스웨덴인들이 즐겨 먹는 훈제 연어가 함께 제공됩니다. 레스토랑 곳곳에 설치된 TV 화면에는 스웨덴의 문화와 식생활을 소개하는 영상이 상영됩니다. 이케아 레스토랑에서 식사를 하고 있으면 평생 한 번 방문하기도 어려운 북유럽의 나라 스웨덴에 와 있는 것 같은 느낌을 받을 수 있습니다.

이케아에는 스웨덴 식품을 살 수 있는 식료품점도 있습니다. 스웨덴산 주스와 크랜베리 케이크, 연어, 마늘소스에 절인 청어, 스웨덴 맥주와 커피 등 모든 식품을 스웨덴산으로 채웠습니다. 이케아가 아니었다면 세계인들에게 소개될 기회가 없었을 식품들입니다. '이케아의 고객들이 단순히 가구를 구입하는 것을

유럽식 실내 놀이터

넘어 새로운 문화적 체험을 하기 바란다'는 캄프라드의 염원이 고스란히 반영
되어 있습니다.

이케아에 가득 찬 스웨덴의 색깔을 보고 있으면 캄프라드가 스웨덴 국적을 포
기했다는 이유로 스웨덴인들이 이 나이 많은 기업가를 미워하기 어렵겠다는
생각이 듭니다. 이케아는 가장 영향력 있는 스웨덴의 민간외교사절인 동시에
스웨덴 식품의 해외 판매를 촉진시키는 주요 창구이기 때문입니다.

캄프라드 따라

창업하기

롤 모델을
정해라

공부나 운동을 하더라도 혼자 하는 것보다는, 잘하는 친구가 하는 것을 지켜보며 따라 하는 게 더욱 도움이 되는 경우가 많습니다. 사업도 마찬가지입니다. 무작정 회사를 세우고 시작하는 것보다는 그 분야에서 일가를 이룬 이들의 성공 비결을 주의 깊게 들여다보고 그 과정을 배우는 것이 큰 도움이 됩니다. 그런 성공 사례를 많이 접하다 보면 자연스럽게 여러분이 걸어가야 할 길이 떠오를 테니까요.

캄프라드는 어떻게?

캄프라드는 어릴 때부터 스웨덴의 성냥왕인 이바르 크뤼거를 동경했습니다. 요즘 청소년들이 좋아하는 아이돌 가수의 소식에 촉각을 곤두세우는 것만큼 크뤼거와 관련된 신문 기사 하나하나를 꼼꼼하게 챙겨보며 언젠가는 크뤼거와 같은 큰 기업을 일구겠다고 마음먹었습니다. 장래 희망을 묻는 질문에 대한 답도 '크뤼거와 같은 사람'이었습니다. 그만큼 목표를 명확히 하고 자신의 미래를 그려갈 수 있었던 거죠.

실제로 이케아의 성장 과정에서 캄프라드는 크뤼거와 비슷한 전략을 취했습니다. 어디를 가든 다른 기업들보다 싼값에 물건을 팔아 경쟁자를 쓰러뜨린 겁니다. 1920년대 크뤼거가 성냥 사업을 확장하는 과정에서 취했던 전략과 유사합니다.

물론 크뤼거와 다른 점도 있습니다. 크뤼거는 은행이나 다른 투자자들로부터 돈을 빌려 본업인 성냥 판매 뿐 아니라 산림 사업, 통신 사업 등 갖가지 영역으로 사업을 확장해 갔습니다. 하지만 캄프라드는 이케아로 성공을 거둔 후에도 가구 유통 및 판매의 한 우물을 팔 뿐 다른 사업에 대해서는 눈길도 주지 않고 있죠. 철저히 이케아에서 벌어들인 돈만 갖고 사업을 확장할 뿐 은행 등 다른 이들에게서 돈을 빌리는 것은 꿈도 꾸지 않는다는 점도 크뤼거와 반대되는 모습입니다.

이 차이는 어린 시절 자신이 동경하던 우상의 몰락에서 받은 충격 때문일 것입니다. 남의 돈을 빌려 사업을 확장한 크뤼거는 사업이 한번 내리막길에 들어서자 자살로 생을 마감했으니까요. 크뤼거를 타산지석으로 삼았던 것이 오늘날 이케아를 안정적으로 경영할 수 있던 비결인 셈입니다.

어떻게 보면 이케아의 시작은 캄프라드가 어린 시절 기업가를 롤 모델로 삼으면서부터일 수도 있습니다. 시골 농장에서 태어나 공장 굴뚝이나 대규모 무역과는 동떨어진 어린 시절을 보냈던 캄프라드가 크뤼거의 행보를 보며 자신이 경영할 기업의 미래를 그릴 수 있었습니다.

롤 모델 1
꿈 하나로 일군 기업, 김범수 카카오 의장

캄프라드에게 크뤼거가 있었다면 여러분에게는 누가 있을까요? 지금부터 롤 모델이 될 만한 사람들을 하나씩 찾아봅시다.

먼저 어제와 오늘의 생활을 떠올려보세요. 혹시 좋아하는 연예인이나 새로 나온 영화에 대한 정보를 얻기 위해 인터넷 검색 포털 사이트인 네이버를 이용한 적이 없나요? 공부하다 게임 제작 회사 넷마블에서 만든 인터넷 게임 '모두의 마블'이나 '마구마구'로 한숨 돌린 적은요? 스마트폰에 깔린 모바일 메신저 카카오톡으로 친구나 가족과 대화한 적이 있지는 않았나요?

이 중 하나라도 한 것이 있다면 당신은 김범수 카카오 의장이

김범수 카카오 의장

기업을 경영하며 이룩한 성과를 맛본 셈입니다. 네이버와 한게임, 카카오까지 이 사람의 손길이 닿았으니까요.

　김 의장은 어린 시절 집이 가난했습니다. 밑으로 한 명의 남동생과 세 명의 여동생이 있었지만 집에 돈이 없어 김 의장만 대학에 진학할 수 있었고, 할머니를 포함한 여덟 식구가 방 한 칸에서 생활해야 했습니다. 산업공학을 전공하는 대학생이 되어서도 가난은 여전했습니다. 밥 사 먹을 돈이 없어 점심을 거르기 일쑤였죠. 김 의장은 이때부터 "돈을 벌어야겠다는 생각을 하게 됐다."고 말했습니다.

1992년 대학원을 졸업하고 소프트웨어 개발 회사인 삼성SDS에 들어간 김 의장은 당시 유행하던 PC통신 관련 서비스를 개발하기 시작했습니다. 한창 세계를 장악해가던 인터넷을 자연스럽게 접한 그는 자신의 사업을 시작할 때가 됐다는 생각을 했습니다. 사업 아이디어는 엉뚱하게도 학창 시절 놀던 경험에서 찾았습니다. 대학 시절 당구와 바둑 등 갖가지 게임에 빠졌던 김 의장은 '인터넷이라는 공간에 게임을 결합하면 많은 사람이 쉽고 간편하게 게임을 즐길 수 있겠다'고 생각했습니다.

몇몇 뜻이 맞는 동료들과 함께 회사를 나온 김 의장은 게임 개발에 필요한 돈을 벌기 위해 PC방을 차렸습니다. 낮에는 PC방 운영을 하면서 한 귀퉁이에 개발 공간을 마련해 서비스 개발에 전념한 겁니다. 이 같은 노력 끝에 1998년 탄생한 것이 게임 사이트 '한게임'입니다. 인터넷에 익숙한 젊은 층은 물론 바둑이나 고스톱을 좋아하는 장년층과 주부까지 몰리면서 1년 반 만에 한게임 가입자는 1000만 명까지 불어났습니다.

2000년에는 같이 삼성SDS에서 근무했던 이해진 네이버 의장과 의기투합해 한게임과 네이버를 합쳐 NHN이라는 회사를 만들고 공동대표로 취임했습니다. 네이버가 검색 기능을 중심으로 많은 이용자를 확보한 만큼 이들이 한게임 서비스를 이용하면 한게임의 온라인 게임 서비스를 한층 확대할 수 있을 거라는 판단 때문입니다. 네이버에서 게임 콘텐츠 개발과 일본 등 해외시장 진출을 진두지휘하던 그는 2007년 8월 갑자기 회사에 사표를 냅니다.

"단순히 돈을 많이 버는 것이 성공이라고 생각했는데, 돈을 벌고 보니 실제로 성공이 그런 것인지 의심이 들었습니다. 어릴 때 가난했기 때문에 단순한 보상 심리로 돈을 벌어야겠다는 생각을 했던 것 같기도 하고요."

성공의 의미를 '단순히 돈을 버는 것보다 새로운 것을 창조하는 것'으로 다시 정의한 김 의장은 모든 재산을 쏟아부어 아무것도 없는 '무'에서 다시 시작했습니다.

처음부터 순탄했던 것은 아니었죠. 블로그를 통해 관심사가 비슷한 이들과 소통하는 새로운 방식의 인터넷 서비스를 미국과 한국에서 동시에 내놨지만, 실패를 맛봤습니다.

김 의장은 좌절하지 않았습니다. "힘들수록 내가 좋아하는 것, 내가 잘하는 것에서 출발하자고 생각했다. 내가 아무리 열심히 해도 안 되는 것은 결국 안 되는 것이라고 편하게 내려놓을 줄 아는 게 중요하다"고 당시를 떠올렸죠. 좋아하던 게임을 마음껏 하기 시작했습니다. 온 가족이 PC방에서 새벽 4시까지 게임에 빠져들곤 했습니다.

그러다 2009년 말부터 국내에 들어오기 시작한 아이폰을 보며 영감을 얻었습니다. 스마트폰에서라면 인터넷에서와는 전혀 다른 사업 모델로 승부를 볼 수 있다는 생각이 들었기 때문이죠.

"젊은이들이 활개 치고 같이 놀 수 있는 공간을 만들고 싶었는데 아이폰을 중심으로 35만 개의 애플리케이션이 만들어지는 세상이 되면서 기회가 열렸습니다."

이렇게 해서 김 의장이 창업한 카카오톡은 1억 4000만 명의 가입자를 확보하고 인터넷 포털 다음과 합병하는 등 국내 IT 기업 중 가장 눈길을 끄는 회사로 자리 잡게 되었습니다.

롤 모델 2
헬로키티 탄생의 비밀, 쓰지 신타로

세계인들에게 가장 많은 사랑을 받는 고양이 캐릭터가 있습니다. 달덩이 같은 흰 얼굴에 수염은 세 쌍, 새까만 눈이 돋보이지만 입은 없습니다. 한쪽 귀에 단 빨간 리본이 귀엽네요. '헬로키티'의 인상착의입니다. 귀엽기만 한 것이 아닙니다. 세계 70여 개 국가에서 연간 15조 원을 벌어들이는 '황금 알을 낳는 고양이'입니다.

그런데 이렇게 귀여운 캐릭터를 만든 사람이 1928년에 태어난 할아버지라면 믿으시겠어요? 사실입니다. 헬로키티 관련 상품을 만들고 있는 '산리오Sanrio'라는 회사의 쓰지 신타로辻信太郎 회장이 주인공입니다.

신타로 회장은 소비자의 행동과 생각을 연구하면 누구든 일상에서 사업 아이디어를 찾을 수 있다는 점을 보여주는 사람이기도 합니다.

남들이 안정적인 직업이라고 부러워하는 공무원 생활을 11년 만에 그만두고 1960년 자신의 회사를 세운 신타로 회장은 당시 난립하던 생활용품 회사와 차별화되는 철학을 가지고 있었습니다. '품질보다는 디자인, 일반적인 디자인보다는 캐릭터가 있는 디자인이 들어간 제품이 더 높은 값을 받는다'는 것입니다.

접시에 만화 캐릭터를 넣으며 차별화를 시도하던 신타로 회장은 1966년에는 바비 인형, 1970년에는 스누피 캐릭터를 일본에 들여왔습니다. 하지만 남이 만들어놓은 캐릭터를 사용하다 보니 막대한 캐릭터 사용료를 물어야 했습니다. 그래서 '나만의 캐릭터를 만들자'고 결심하고 미대 졸업생을 채용해 디자인 개발에 나섰습니다.

세상에 없던 캐릭터를 새로 만드는 것은 쉬운 일이 아니었습니다. 강아지는 스누피, 곰은 푸, 오리는 도널드 덕 등 기존 캐릭터가 선점하고 있었고 이를 넘어서기는 쉽지 않았습니다. 남은 것은 고양이밖에 없었습니다. 1974년 헬로키티가 세상에 나오게 된 배경입니다. 어린이들이 좋아하는 빨간 옷을 입혔지만 동그란 눈만 있을 뿐, 입은 그리지 않았습니다.

"사람들이 캐릭터에 자신만의 감정을 입히기 위해서는 캐릭터에 입이 없어야 한다고 생각했습니다. 기분 좋을 때는 키티가 자신과 함께 웃는 것처럼, 기분 나쁠 때는 화를 내는 것처럼 보였으면 했기 때문입니다."

신타로 회장은 키티의 입이 없는 이유를 이렇게 설명했습니다.

'평범한 생활용품도 캐릭터가 들어가면 상대를 감동시킬 수 있는 선물이 될 수 있다'는 신타로 회장의 생각은 적중했습니다. 헬로키티가 들어간 제품은 접시 하나, 숟가락 하나라도 소비자들에게 다른 취급을 받았고 곧 불티나게 팔려나갔습니다.

하지만 곧 위기가 찾아왔습니다. "항상 똑같은 캐릭터가 질린다"는 반응이 나오면서 1977년부터 관련 캐릭터 상품의 판매가 빠르게 줄어들었기 때문이죠. 직원들부터 "이제는 헬로키티도 한물간 것 아닐까?" 하며 웅성거리기 시작했습니다. 이때 신타로 회장은 직원들을 모아놓고 특별 연설을 했습니다.

"키티는 회사를 키워준 딸 같은 존재입니다. 좋은 시절이 있으면 나쁜 시절도 있는 법입니다. 키티는 우정의 상징이며 절대 죽게 내버려둘 수 없습니다."

대신 키티를 변신시키기로 했습니다. 공모전을 열고 피아노를 치는 키티, 춤추는 키티, 학교 가는 키티 등 다양한 모습을 만들었습니다. 광고 대신 팬들을 모으고 '키티 문화'를 만들어가기 시작했습니다. 잡지를 창간해 캐릭터 정보를 제공하고 디자이너가 키티를 그려주는 사인회를 3만 회 넘게 열었습니다. 헬로키티에 대한 문제를 내고 1등을 뽑는 '키티 경시대회'도 열었죠.

키티에 푹 빠진 팬들이 늘면서 헬로키티는 일본을 넘어 세계적인 인기를 끌기 시작했습니다. 가수 크리스티나 아길레라, 배우 캐머런 디아즈 등 유명인도 키티의 팬을 자처했습니다.

2005년부터 신타로 회장은 헬로키티 캐릭터가 들어간 상품을 직접 제작하지 않고 세계 800여 기업에 제품 제작권을 주고 있습니다. 대신 신타로 회장이 경영하는 산리오는 키티와 관련된 캐릭터를 관리하는 회사로 바뀌었습니다. 보석업체 스와로브스키, 시계업체 스와치 등이 키티가 들어간 장신구와 시계를 제작하고 있습니다.

하지만 신타로 회장이 키티가 들어간 제품을 만들지 못하도록 금지하는 분야가 있습니다. 술과 담배, 폭력과 관련된 업종입니다. 그는 "키티 캐릭터가 들어간 칼은 볼 수 없을 것입니다."라고 단언합니다. 고객의 감성을 먹고 자라난 키티의 이미지가 오염되는 것을 고객들이 바라지 않기 때문입니다.

소비자들의 마음속에 있는 순수함에 대한 욕구와 캐릭터에 대한 의리가 신타로 회장을 만든 비결일 겁니다.

롤 모델 3

좋아하는 것이 곧 사업 아이템, UFC의 데이나 화이트

여학생들이 좋아하는 귀여운 캐릭터 얘기를 했으니, 이제 운동을 좋아하는 남학생들을 위한 얘기를 해볼까요? 남학생이라면 누구나 한 번쯤 종합 격투기 리그인 UFCUltimate Fighting Championship 경기를 본 적이 있을 것입니다. 꼭 UFC에 관심이 없더라도 한국인으로 UFC에 진출한 김동현 선수의 이름을 TV나 인터넷에서 본 적은 있을 것입니다.

데이나 화이트

하지만 UFC가 1조 원 이상의 가치를 지닌 기업이라는 것을 아는 사람들은 많지 않을 겁니다. 그리고 그 배경에 UFC를 성장시킨 데이나 화이트Dana White가 있다는 것도요.

화이트는 어릴 때부터 무술을 좋아했습니다. 복싱, 태권도까지 각종 무술을 익히다 보

니 '격투기에 미친 멍청이'라고 불리기도 했습니다. 대학도 중간에 그만두고 라스베이거스에 격투기를 연마하는 체육관을 열었습니다. 체육관에서 격투기 선수를 양성하고 자신이 양성한 선수들의 매니지먼트를 하던 화이트는 직접 격투기 사업을 해보기로 합니다.

마침 UFC는 위기에 빠져 있었습니다. 지나친 폭력성 때문에 '인간 닭싸움'이라는 오명을 뒤집어쓰고 대중의 외면을 받고 있었습니다. 국회의원들은 공공연히 UFC를 없애겠다고 공언했습니다.

2001년 지인들과 함께 UFC를 20억 원 남짓에 인수한 화이트는 리그에 엄격한 규칙부터 도입했습니다. 급소 공격을 금지하고, 위급 상황에는 훈련받은 심판들에게 경기를 멈출 수 있는 권한도 줬습니다. UFC가 단순한 싸움에서 진짜 스포츠로 서서히 탈바꿈하기 시작했습니다.

승부조작도 철저히 배제했습니다. 이는 당시 또 다른 격투기 리그였던 '프라이드'와의 경쟁에서 UFC가 승기를 잡는 요인이 됐습니다. 프라이드는 배후에 조직 폭력 집단인 야쿠자가 개입된 것으로 드러나 몰락했으니까요.

스타성이 없더라도 강한 선수에게는 좋은 대우를 해주고 체급을 엄격히 구분하고 불법 약물 사용 검사도 철저히 진행하면서 UFC는 스포츠로 자리를 잡아갔습니다. 그런 노력의 결과, 많은 사람이 UFC를 명실상부한 최고의 종합 격투기로 인정하기 시작했습니다.

하지만 UFC의 인기가 높아지는 동안에도 UFC 자체는 2005년까지 돈을 벌지 못했습니다. 유료 케이블 방송을 통해 신청자에 한해서만 게임을 중계해주던 UFC로서는 고객을 확대하는 데 한계가 있었기 때문입니다.

화이트는 아이디어를 냈습니다. 토너먼트로 격투기의 최강자를 가리는 리얼리티 쇼를 케이블 TV에 방영한 것입니다. 토너먼트 마지막 경기에 시청자들의 관심이 집중되며 UFC에 대한 관심도 자연스럽게 올라갔습니다. 화이트는 또 UFC 경기의 일부를 공중파 방송을 통해 팔 수 있도록 해 공중파에서 UFC를 접한 시청자들을 자연스럽게 유료 방송으로 끌어들였습니다.

어린 시절부터 좋아하던 격투기를 사업으로 발전시켜 자신만의 기업을 일군 것입니다.

"지금도 하루에 3시간만 자고 나머지 시간은 모두 일하는 데 보냅니다. 사실 잠자는 시간이 아깝다고 생각하곤 합니다. 그만큼 저는 종합 격투기를 사랑합니다."

화이트는 더 나아가 자신이 많은 격투기 연마자들에게 새로운 꿈을 줬다는 점에 만족합니다.

"저는 체육관에서 땀 흘리는 수많은 운동선수들에게 꿈을 줬고,

수백 명을 백만장자로 만들어줬습니다."

롤 모델 4
"10대도 할 수 있다" 닉 댈로이시오

지금까지 살펴본 사람들은 모두 20~30대에 들어서서야 기업을 경영하기 시작한 사람들입니다. 창업에도 연령 제한이 있는 걸까요? 그렇지 않다는 증거를 보여주는 사람도 많습니다.

열두 살 때 자신의 애플리케이션을 개발해 열일곱 살에는 330억 원을 거머쥔 영국의 천재 소년 닉 댈로이시오 Nick D'Aloisio도 그중 하나입니다.

1995년 영국 런던에서 태어난 댈로이시오는 아홉 살 때 선물로 받은 컴퓨터를 가지고 놀기 좋아했습니다. 열두 살 때 컴퓨터 프로그래밍을 시작했고, 애플리케이션을 만든 것도

닉 댈로이시오

이때부터였습니다.

어느 날 학교 숙제를 하던 댈로이시오는 구글로 검색을 하다 짜증이 났습니다. 검색 결과가 워낙 방대하다 보니, 필요한 정보를 찾느라 링크를 일일이 클릭해야 하는 수고를 해야 했기 때문입니다. 그의 첫 작품은 이처럼 방대한 정보에서 핵심 내용만 모아서 보여주는 애플리케이션 '트리밋Trimit'이었습니다.

반응은 생각보다 뜨거웠습니다. 댈로이시오가 열네 살이 되던 해, 홍콩의 재벌 리카싱이 30만 달러를 투자하기로 했습니다. 세계적 팝 그룹 비틀스의 리더 존 레넌의 부인 오노 요코, 할리우드 배우 애쉬튼 커처 등도 댈로이시오가 개발한 애플리케이션에서 미래를 보고 투자에 나섰습니다.

이 같은 투자를 바탕으로 댈로이시오는 관련 전문가들을 직접 채용해 자신의 애플리케이션을 업그레이드하기 시작했습니다. 이렇게 개발된 것이 2012년 세상에 내놓은 애플리케이션 '섬리Summly'입니다. 섬리는 관심 있는 분야와 매체를 지정해놓으면 저절로 알아서 중요한 기사를 보여줍니다. 특정 기사를 찾기 위해 검색을 여러 번 하거나 신뢰성이 낮은 매체의 기사를 걸러내는 수고를 할 필요가 없습니다. 100만 건이 넘는 다운로드 횟수를 기록하며 애플리케이션 중에서 높은 인기를 끌고 있습니다.

2013년 섬리의 성공을 눈여겨본 야후는 500억 원에 가까운 돈을 들여 섬리를 매입했습니다. 자연히 섬리의 주인인 댈로이시오 역시 아직 고등학생이지만 돈방석에 올라앉았습니다. 야후의 요청에 따라 댈로이시오는 고등학교에 다니면서 야후 런던 법인에서 근무하게 됐습니다. 섬리를 시작할 때만 해도 상상하지 못했던 기적이 일어난 것입니다.

그는 번 돈을 어떻게 할 것이냐는 기자들의 질문에 "나이키 운동화와 새 컴퓨터를 사고 싶어요. 나머지는 은행에 맡겨야죠."라고 답했습니다.

기술의 발전은 독자 여러분과 같은 10대도 회사를 창업하고 새로운 상품을 만들어낼 수 있는 시대를 열었습니다. 김범수 카카오 의장이 40대에 했던 일을 여러분과 같은 10대들이 할 수도 있는 세상이 된 것입니다.

세상의 변화를
주시하라

세상은 빠르게 변합니다. 조금만 유행이 지나거나 성능이 기대에 못 미쳐도 소비자들은 어제 열광하던 제품을 버리고 오늘부터 다른 제품을 사용합니다. 언제든 세상의 변화에 뒤처질 수 있다는 점은 소비자들에게 제품을 팔아 살아남아야 하는 기업가들의 입장에서는 잔인한 일입니다.

하지만 뒤집어 생각해보면 이는 좋은 기회이기도 합니다. 다른 사람들보다 먼저 세상의 변화를 읽고 여기에 맞출 수 있는 방법을 찾으면 큰 성공을 거둘 수도 있기 때문입니다. 하루가 멀다 하고 나오는 새로운 유통 방식과 제품 제조 방식은 창업을 꿈꾸는 이들에게 새로운 기회를 열어주고 있기도 합니다. 그러니 세상의 변화를 읽고, 기회를 빠르게 포착하는 능력이 중요합니다.

캄프라드는 어떻게?

시골인 엘름홀트에서 이케아를 창업했을 때 캄프라드가 의지한 가장 큰 버팀목은 당시로서는 신기술이었던 전화기였습니다. 19세기까지만 해도 물건을 사려면 집에서 가장 가까운 상점을 찾는 것을 당연하게 생각했습니다. 하지만 20세기에 접어들면서 집집마다 전화기가 보급되고 우체국을 통한 소포 배송도 가능해지면서 멀리 있는 상점이라도 전화로 주문하면 물건을 보내줄 수 있는 환경이 됐습니다. 오늘날의 인터넷 쇼핑에서 인터넷을 통해 주문하면 물건을 택배로 부쳐주는 것과 비슷한 방식입니다. 다만 당시에는 아직 인터넷이 없었으니 전화를 이용해 물건을 주문했다는 점이 다르지요.

만약 창업 초기 캄프라드가 이 같은 통신판매를 몰랐다고 한다면 이케아의 탄생은 한참 뒤로 늦춰졌을지도 모릅니다. 막 고등학교를 졸업한 캄프라드에게는 도시에서 자신의 상점을 낼 돈이 없었을 테니까요. 엘름홀트에서 인근 도시까지는 거리가 멀었던 만큼, 초기 이케아가 했던 것처럼 부모님이 이케아의 일을 조금씩 도와주지도 못했을 겁니다. 그렇다면 캄프라드는 별도의 종업원을 고용해야 했겠죠.

캄프라드는 통신판매에서 더 나아가 새로운 기술을 적극적으로 활용할 방법을 만들어 실행했습니다. 바로 이케아가 판매하는 상품의 목록을 전국에 판매되는 주간지에 첨부해 고객들이 더 편하게 물건을 주문할 수 있도록 한 것이죠.

인터넷으로 사고 싶은 물건들의 모양과 이름을 쉽게 확인할 수 있는 오늘날과 달리 당시에는 고객들이 전화로 상담원과 대화하며 사고 싶은 물건의 유무와 형태를 알아보는 수밖에 없었습니다.

하지만 캄프라드는 과거부터 있던 신문광고를 통신판매와 접목하는 방식으로 고객이 집에 앉아서 이케아에서 배포한 홍보 책자를 받아볼 수 있도록 했습니다.

초창기 이케아의 빠른 성장은 이같이 캄프라드가 세상의 변화를 빠르게 읽었기 때문에 가능했습니다.

3D프린터가 몰고 올 제조업 혁명

지금 쓰고 있는 필통이 마음에 안 들면 어떻게 하시겠습니까? 지금까지는 선택의 여지가 많지 않았습니다. 꾹 참고 마음에 들지 않아도 계속 쓰거나 문구점에 가서 새로 하나 사는 것이었죠.

하지만 앞으로 곧 새로운 선택의 여지가 생길 것 같습니다. 직접 마음에 드는 필통의 모양을 디자인해 집이나 학교에 있는 3D프린터로 찍어내는 것입니다.

3D프린터는 일반적으로 우리가 아는 프린터가 종이에 글자나

사진을 그대로 인쇄하듯 물건을 똑같이 찍어내는 기계입니다. 잉크 대신 플라스틱이나 금속가루를 뿜어내 대상이 되는 물체를 똑같은 형상으로 '복사'하는 것이죠. 물론 실제 물체가 없더라도 관련 디자인이나 데이터만 있으면 물건을 뽑아낼 수 있습니다.

필통뿐만이 아닙니다. 영국 사우스샘프턴 대학교에서는 3D프린터로 무인 비행기를 만들어 눈길을 끌었습니다. 뉴욕의 번화가에서는 3D프린터로 만든 구두와 수영복이 판매되고 있습니다.

소재 기술만 발달한다면, 3D프린터로 만들 수 있는 대상은 무궁무진합니다. 2014년 6월에는 3D프린터로 만든 뼈를 동물에 이식하는 실험이 우리나라 성균관대학교에서 성공했습니다. 인공관절과 뼈를 3D프린터로 만들 수 있는 세상이 열리고 있는 것입니다.

기술이 더 발전한다면 콘크리트를 소재로 집을, 단백질을 이용하면 인공장기까지 3D프린터로 만들어낼

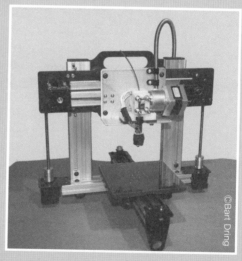

ORDbot Quantum 3D 프린터

캄프라드 따라 창업하기

3D 프린터로 만든 자동차 모델

수 있게 됩니다.

1990년대부터 존재했던 3D프린터는 2010년대 들어 제조업 혁신을 부를 키워드로 부상하고 있습니다. 3D프린터 제조업체들이 경쟁하면서 3D프린터의 가격이 한국 돈으로 100만 원대 초반까지 떨어졌기 때문입니다. 문서를 인쇄하는 프린터도 보급 초기에는 고가였던 점을 감안하면 산업의 발달에 따라 가격이 더욱 떨어질 것으로 보입니다.

조만간 여러분의 집이나 학교에도 3D프린터가 선보일 것으로 전망됩니다. 영국은 벌써 2014년부터 3D프린터로 물건을 만드

캄프라드, 모험 없이는 이케아도 없지

3D 프린터로 만든 구두

는 법에 대한 강의를 모든 학교에서 진행하기로 했습니다.

그에 따라 발명 아이디어나 디자인 감각만 있다면 누구든 집에서 물건을 생산할 수 있는 시대가 곧 열리겠지요. 앞에서 봤던 댈로이시오가 스마트폰 생태계를 이용해 어린 나이에 혼자서 애플리케이션을 만들 수 있었듯이 혼자서도 무언가를 만들어낼 수 있는 시대가 열린 것입니다.

이에 따라 물건을 생산하는 제조업의 구도 자체가 바뀔 전망입니다. 저술가이면서 벤처기업가인 미국인 크리스 앤더슨은 '롱테일 법칙'이라는 이론을 제시하며 앞으로 산업 생태계가 근본적으로 변화할 것이라고 예상했습니다. 지금까지는 애플이나 삼성전자처럼 소수의 생산자가 다수의 대중에게 물건을 생산해 공급하는 시대였지만, 앞으로는 다수의 생산자가 등장해 가지각색의 물건을 만들며 가치를 창출할 것이라는 전망입니다.

앤더슨은 2013년 출판한 저서 《메이커스》에서 "3D프린터로 1인 제조기업이 늘어날 것입니다. 거대한 제조업체에 의존하지 않고도 언제든 좋은 아이디어를 제품으로 만들 수 있는 환경이 되었기 때문입니다.

좋은 3D프린터용 디자인은 인터넷을 통해 실시간으로 공유할 수 있어 세계 어디서든 똑같은 디자인으로 만든 3D프린터 제품을 만나볼 수도 있습니다. 굳이 한 나라에서 만든 제품을 배나 비행기로 다른 나라로 운반해 팔 이유도 없어지는 셈입니다."라고 설명했습니다.

아이디어만 있으면 돈은 따라온다!
크라우드 펀딩

전자기기를 좋아하는 독자라면 페블pebble이라는 회사를 들어보셨을지도 모르겠습니다. 2012년 소니와 함께 스마트워치를 처음으로 시장에 내놓은 미국 회사입니다. 2014년 현재 페블은 세계

시장에 40만 대 이상의 스마트워치를 판매했으며 삼성전자의 갤럭시 기어에 이어 시장 점유율 2위를 기록하고 있습니다.

하지만 2012년 처음으로 스마트워치를 시장에 내놓으려 할 때만 해도 페블에는 돈이 한 푼도 없었습니다. 심지어는 설계한 제품을 어디서 생산할지도 결정하지 못한 상황이었죠. 그럼에도 페블이 제품을 내놓을 수 있었던 것은 바로 크라우드 펀딩crowd funding 덕분입니다.

군중을 뜻하는 크라우드crowd에 자금 투자를 의미하는 펀딩funding이라는 단어가 결합된 크라우드 펀딩은 말 그대로 불특정 다수의 대중에게 조금씩 투자를 받는 것을 의미합니다. 크라우드 펀딩에 관심이 있는 투자자들이 있는 인터넷 웹사이트에 만들고자 하는 제품의 기능을 설명하는 글을 올리면 관심 있는 투자자들이 십시일반 투자를 하는 방식입니다.

당시 시장에 유일하게 출시돼 있던 소니의 제품보다 값은 25% 싸지만, 기능은 더 우수한 스마트워치를 설계하는데 성공한 페블 연구진은 미국의 크라우드 펀딩 사이트인 킥스타터www.kickstarter.com에 자신들이 만들고자 하는 제품의 기능을 설명하는 내용을 올렸습니다. 이전에도 1500대의 스마트워치를 비슷한 방식으로 자금을 조달해 만들었던 적이 있는 페블은 10만 달러약 1억 300만 원 정도만 모으면 이번에도 비슷한 양의 스마트워치를 생산할 수 있을 것

페블 스마트워치

으로 생각했습니다.

　그렇지만 페블의 스마트워치에 흥미를 느낀 사람들이 늘면서 목표했던 10만 달러는 2시간 만에 채워졌습니다. 첫날에만 100만 달러 이상 투자를 받은 페블은 일주일간 334만 달러, 3주일 동안 1000만 달러약 103억 원를 투자받았습니다. 8만 5000대의 스마트워치를 만들 수 있는 돈이었습니다. 그제야 페블 경영진은 홍콩과 중국 등지를 누비며 자기네 설계대로 제품을 만들어줄 생산업체를 찾아 나섰습니다. 결국, 실제로 스마트워치를 생산하기 시작한 것은 페블이 자신들이 만들 스마트워치의 기능을 킥스타터에 공개한 지 5개월 뒤였습니다.

이처럼 크라우드 펀딩은 제품에 대한 구체적인 아이디어만 있으면 창업자가 제품 생산에 필요한 돈을 쉽게 조달할 수 있는 길을 열어주고 있습니다.

과거에는 창업에 나서려면 은행에서 돈을 빌리는 것이 일반적이었습니다. 나중에 사업이 잘못되더라도 은행이 빌려준 돈을 회수할 수 있도록 담보를 제공해야 했고, 빌린 돈에 대해서는 이자를 물어야 했죠. 창업이 실패로 끝나면 담보로 잡힌 집이나 땅도 은행에 넘어갔고 '사업 잘못하면 패가망신한다'는 얘기가 돈 것도 이 때문입니다.

1990년대 후반부터는 벤처 투자가 활성화됐지만, 여기에도 위험부담이 있었습니다. 창업자는 벤처 투자자로부터 돈을 빌리는 대신 창업이 성공하면 올릴 수입의 상당 부분을 투자자에게 돌리는 것으로 계약해야 했기 때문입니다.

이 같은 자금 조달의 어려움은 창업 과정에서 가장 큰 골칫거리였습니다. 은행이나 벤처 투자자로부터 자금을 빌려서 사업에 성공한다 해도, 수익의 상당 부분을 이자나 배당금 등으로 투자자에게 지급해야 합니다.

이에 반해 크라우드 펀딩은 수익이 창출되면 배당금을 가져가는 것이 우선인 순수 투자의 성격보다는 좋은 아이디어를 실현하는데 동참한다는 의미에 더 큰 방점이 찍혀 있어서 창업자에게 더욱 유리한 자금 조달 방법입니다.

　그런데 크라우드 펀딩의 장점은 단순히 쉽게 돈을 투자받는 데에만 있지 않습니다. 일단 해당 제품에 투자하기로 한 투자자들은 웹사이트나 SNS를 통해 창업자와 소통하며 끊임없이 제품 성능 개선을 위한 아이디어를 내놓습니다. 페블이 생산과정에서 투자자들이 원한 스마트워치의 방수 기능을 추가한 것이 단적인 예입니다. 이처럼 여러 사람의 아이디어가 제품에 반영되면서 제품의 성능은 더욱 개선되는 것이죠.

　제품을 시장에 내놨을 때 팔릴지 안 팔릴지를 예상할 수 있다는 것도 중요한 장점입니다. 페블이 초기에 크라우드 펀딩으로 10만 달러를 조달하겠다고 목표했듯이 크라우드 펀딩에 나서는 기업들은 각자 자금 조달 목표치를 정하고, 그만큼 돈을 모으지 못하면 제품 출시 자체를 접을 수 있습니다.

　미리 투자를 받아서 제품까지 만들고 나서도 팔리지 않아 주저앉는 기업들이 많은 것을 감안하면, 생산하기 전에 제품이 잘 팔릴지 알 수 있다는 것이 얼마나 중요한지 알 수 있을 것입니다.

　여러분에게도 제품을 만들기 위한 구체적인 계획이 있다면 언제든 킥스타터 등 크라우드 펀딩 사이트를 통해 세계의 투자자들로부터 자금을 모을 수 있습니다. 아직 영어가 어렵다면 국내에도 여러 크라우드 펀딩 사이트들이 시범 가동되고 있으니 한 번씩 둘러보는 것도 좋겠습니다.

사물인터넷과 스마트홈이면
집에서도 아이디어 발굴

지금까지 살펴봤듯 최근의 기술 발달은 역사상 어느 때보다 청년 기업가가 창업하기에 좋은 여건입니다. 그렇다고 해도 본질적인 고민은 남습니다. '도대체 어떤 사업 아이디어를 기반으로 창업에 나설 것인가?' 하는 문제입니다. 하지만 나날이 발달하고 있는 모바일과 인터넷 관련 기술로 여러분 주변에서도 쉽게 아이디어를 찾을 기회도 늘고 있습니다.

폭발적인 스마트폰 보급에 뒤이어 시작되고 있는 스마트홈 시스템은 신규 창업가들에게 새로운 영감을 제공하고 있습니다. 스마트홈이란, 출입문 개폐와 같은 보안에서부터 가전제품 작동까지 가정생활이 스마트폰 중심의 인터넷으로 제어되는 집을 의미합니다. 모든 물건에 인터넷 통신이 가능한 기능을 넣어 스마트폰을 통해 조작할 수 있도록 한 것이 핵심입니다. 이 같은 기술이 적용된 가전제품과 문, 보안 카메라, 전등 등은 스마트폰 애플리케이션으로 간단히 제어할 수 있습니다.

스마트폰으로 집 안에 불이 켜져 있는지, 가스레인지의 가스 밸브는 잘 잠겨 있는지 바깥에서 체크하고, 이상이 있으면 바꿀 수 있습니다. 자고 있던 아이가 혹시 깨서 울면 침대 맡에 놓인 스마트폰을 통해 알 수 있고, 여행을 떠나더라도 집에 혼자 남겨진 강아지에게 원격으로 밥을 줄 수 있습니다.

실제로 미국에서는 한국 돈으로 260만 원 정도만 주면 집 안의 조명과 온도를 스마트폰으로 제어할 수 있는 서비스가 나와 널리 보급되고 있습니다. 한국의 삼성전자와 LG전자도 스마트폰으로 조작할 수 있는 세탁기와 에어컨을 내놓고 있습니다.

스마트홈이 청년 창업가들에게 좋은 기회가 될 수 있는 것은 기발한 상상력 하나로 가정생활을 바꿀 수 있는 제품을 만들 수 있다는 점입니다.

스마트폰 케이스 등 아이폰 관련 액세서리를 만드는 업체로 유명한 버킨은 콘센트 전원을 스마트폰으로 제어할 수 있는 '위모 모션'이라는 제품을 내놨습니다. 여기에 동작 감지 장치를 연동시켜 사람들의 움직임에 따라 음악이 켜지고 전등의 불이 들어오도록 만든 것이죠. 냉장고 안에 있는 식품의 신선도도 체크할 수 있습니다. 신생 기업 퀴키가 내놓은 '에그마인더'에 마트에서 구입한 달걀을 넣어두면 알아서 달걀의 신선도를 알려주고 새 달걀을 사와야 할 때도 말해줍니다.

스마트홈 기술이 적용된 가정은 미국에서만 2017년 1280만 가구까지 늘어날 전망입니다. 관련 제품들에 대한 관심도 커져 쿼키는 글로벌 가전제품 회사인 제너럴일렉트릭으로부터 7900만 달러약 840억 원의 투자를 받기도 했습니다.

쿼키의 CEO 벤 카우프만 이 "2015년이면 세계 모든 제조업체의 제품이 스마트폰을 통해 연결될 것입니다. 스마트홈은 10년 전 페이스북 등 SNS의 확산에 버금가는 폭발력을 가질 거예요."라며 의기양양하게 이야기한 것도 이 같은 이유에서입니다.

자, 그럼 오늘 자기 전에 집 안 곳곳을 둘러보며 상상해보세요. 집 안에 있는 사물 하나하나를 스마트폰으로 조작할 수 있게 된다면 어떤 것을 바꾸고 싶은지, 어떤 면에서 더 편리할 수 있을지. 뭔가 좋은 생각이 났다면 놓치지 마세요. 그게 바로 여러분이 기업을 창업할 수 있는 첫 번째 자산이 될 테니까요.

작은 걸음이라도
한발 내딛어라

10대에게 사회생활이라는 것은 아직은 먼 이야기입니다. 어떤 회사에 취업해서 어떤 일을 하게 될지도 알기 어려운 나이에 창업을 미리 생각해본다는 것은 쉬운 일이 아닙니다.

하지만 꿈을 향해 한걸음 내딛는 일은 나이가 어리다고 해서 불가능하지 않습니다. 오히려 해당 분야에 대해 구체적으로 고민하고 연구하면서 정말 이 길이 내 길인지 알 수 있게 됩니다. 혹시 생각과 달리 적성에 맞지 않는다고 느껴지면 자신의 적성에 더 맞는 다른 길을 알아볼 수도 있기 때문에 지금부터 창업을 염두에 두고 차근차근 준비하는 편이 유리할 수도 있습니다.

10년 후, 20년 후 나의 모습을 상상하며 지금 내가 할 수 있는 일은 무엇이 있을까요?

스웨덴 대학생들과 토론중인 잉바르 캄프라드

캄프라드는 어떻게?

캄프라드의 고등학교 시절을 기억하시나요? 기숙사 자기 방에서 친구들을 위한 조그만 가게를 열었을 때 캄프라드 역시 10대의 어린 나이였습니다.

이미 다섯 살 때부터 할머니 등 주위 사람들을 상대로 이런저런 물건을 팔았던 캄프라드였지만, 기숙사에서 물건을 파는 것은 다른 문제였을 것입니다. 할머니가 손자의 '기'를 살려주기 위해 물건을 사준 것과 달리, 친구들이 꼭 캄프라드에게 물건을 사야 할 이유는 없었기 때문입니다. 친구들 입장에서는 교문만 벗어나면 문구점이 있는데 캄프라드에게 물건을 사는 것이 처음에는 망설여졌을 것입니다. 친구에게 물건을 사는 것이 흔한 일도 아닌 데다 캄프라드가 팔겠다고 늘어놓은 물건이 혹시 남이 쓰던 것은 아닌지, 품질은 괜찮은 건지 의심도 들었을 것입니다.

캄프라드 자신이 구체적인 과정을 설명한 적은 없지만, 친구들의 신뢰를 얻기까지는 어느 정도 시간이 걸렸을 것입니다. 물건이 팔리기 시작한 이후에는 물건을 계속 조달하기 위해 여러 도매상과 접촉해야 했을 테고요. 사실상의 경쟁자인 학교 밖 문구점과 경쟁하기 위해 더 품질 좋은 제품을 더 싸게 판매할 방법도 고민했어야 했겠죠.

기숙사 장사를 통해 캄프라드는 고등학교를 졸업하고 이후 사업에 필요한 자전거 등을 구입할 돈을 마련했다고 합니다.

하지만 돈보다 중요했던 것은 작은 장사라도 시작하면서 이후 사업에 필요한 여러 가지 수완을 몸으로 체득한 것입니다. 캄프라드의 친구 중에서도 공부를 열심히 하거나 운동을 열심히 하며 미래를 준비한 친구들은 많았을 것입니다. 평생 하고 싶은 일을 찾아내고 그 일을 하기 위한 준비를 일찍부터 시작했다는 점에서 캄프라드는 다른 친구들보다 뛰어날 수 있었습니다.

창업을 하려면 공부는 필요 없나?

흔히 많은 청소년이 창업을 생각하면 공부를 할 필요는 없는 것처럼 생각하곤 합니다. 물론 공부를 잘한다고 해서 창업에 성공한다는 보장은 없습니다. 냉혹한 기업 간의 경쟁에서 대학 간판만가지고 승리할 수 있는 것도 아닙니다.

하지만 기술이 발전할수록 창업가와 기술자 사이의 벽이 허물어지고 있다는 점도 주의 깊게 봐야 합니다. 훌륭한 기술자가 훌륭한 창업가가 되는 사례가 늘고 있다는 것입니다. 구글을 창업한래리 페이지와 세르게이 브린은 미국의 명문 스탠퍼드대 대학원에서 컴퓨터 공학으로 석사 학위를 받았습니다. 이들은 스탠퍼드대에서 공부한 컴퓨터와 관련된 전문 지식을 바탕으로 대학원 시절에 이미 구글과 같은 포털 사이트의 핵심이 되는 검색엔진을 개발했습니다.

앞으로 갈수록 주목받을 것으로 보이는 줄기세포 등 바이오와관련된 창업 분야도 마찬가지입니다. 생명공학이나 의학과 관련된 전문 지식 없이 이 분야에서 회사를 창업해 성공한다는 것은상상하기 어려운 것이 사실입니다. 바이오산업 분야에서 가장 두각을 나타내고 있는 기업인 차병원 그룹의 차광렬 회장 역시 성공한 의사 출신입니다.

직접적으로 창업에 도움이 되지 않더라도 공부는 여러 가지로 유용합니다. 스티브 잡스는 비록 대학을 중퇴했지만, 그 이후에도 대학 캠퍼스를 돌아다니며 철학과 역사학 등 여러 인문학 수업을 청강했습니다. 잡스는 이같이 '귀동냥'한 인문학이 애플을 창업하고 아이폰 등 혁신적인 제품을 내놓는 과정에서 중요한 상상력의 원천을 제공해줬다고 밝힌 바 있습니다.

꼭 지식이 아니더라도 대학생활은 중고등학교와 다른 자극을 줄 수 있습니다. 마크 저커버그는 하버드대 재학 시절 다른 학생들과의 대화에서 페이스북을 만들 영감을 얻었죠. 이처럼 대학에서 관심 있는 분야를 전공하는 것은 창업에 여러 모로 유리합니다. 매일 듣는 이야기라 다시 듣기는 싫겠지만, 창업을 위해 지금부터 손쉽게 준비할 수 있는 가장 쉬운 길도 역시 '공부를 열심히 하는 것'일 수밖에 없는 이유입니다.

물론 공부를 열심히 하면서도 창업에 대한 꿈을 계속 꾸는 것도 중요합니다. 내가 왜 공부를 열심히 해야 하는지에 대한 해답을 보여줄 테니까요.

그렇게 하기 위해 가장 쉬운 길은 기업과 기업가들에 대한 책을 읽는 것입니다. 정글과 같은 경쟁에서 승리한 기업가들의 이야기를 읽으며 앞으로 자신이 나아갈 방향에 대한 꿈을 놓치지 않을 수 있습니다.

신문이나 잡지 등을 통해 최신 경제 경영 이슈와 새로운 과학 기술에 대한 호기심까지 유지한다면 금상첨화일 겁니다. 지금도 세계에서는 하루가 멀다 하고 이전에는 없었던 새로운 기술과 혁신적인 제품이 나오고 있습니다. 이 같은 기술이나 제품 하나하나가 창업을 위한 아이디어를 제공해줄 수 있습니다. 어떤 기업이나 어떤 경영 스타일이 뜨고 지는가도 계속 관심을 갖고 지켜볼 필요가 있습니다.

청소년이라도 기회는 있다!
다양한 지원 과정

10대를 대상으로 하는 여러 창업 지원 과정에 참가하며 꿈을 키우는 것도 방법입니다. 우선 창업과 관련된 여러 교육과정이 있습니다. 여기서는 기업가 정신과 회사 경영에 대한 대략적인 것은 물론, 고객과 시장을 이해하기 위해서는 어떤 방법이 필요한지도 배웁니다. 사업 계획서에 따라 시제품을 만들고 문제가 있다면 어떻게 보완할 수 있는지도 관련 전문가들에게 들을 수 있습니다.

중소기업청 산하의 창업진흥원은 청소년 창업 교육을 진행하는 비즈쿨캠프www.kised.or.kr/bus/edu1.asp를 운영하고 있습니다. 학년에 따라 다양한 교육 프로그램을 마련하고 있고, 2박 3일간 열리는 별도의 창업 캠프도 있어 선택의 폭이 다양한 편입니다.

서울산업진흥원sba.seoul.kr과 울산청년창업센터www.bluedolphin.or.kr 등 각 지역의 지자체 산하 기관에서도 비슷한 프로그램을 진행하고 있으니 혹시 해당 지역에 참가할 만한 프로그램이 있는지 한번 문의해 보는 것도 좋겠습니다. 이외에 연세대학교의 창업상상캠버스캠프 등을 비롯해 부산가톨릭대, 경일대 등 대학들도 청소년들이 참가할 만한 창업 캠프를 개최하고 있습니다.

좀 더 구체적인 목표가 필요하다면 청소년들을 대상으로 열리는 여러 창업 경진 대회에 나가보는 것도 좋은 방법입니다. 경진 대회 우승을 목표로, 구상하고 사업 아이템을 가다듬다 보면 그와 관련된 재능을 계발할 수 있을 테니까요. 입상 경력은 대학에서 원하는 전공을 선택하는 데에도 도움을 준다는 점에서 일석이조라 할 수 있겠습니다.

마침 국내에는 다양한 창업 경진 대회가 이미 열리고 있습니다. 우선 교육부는 대한민국 청소년창업경진대회를 진행하고 있습니다. 창업 동아리 간 상호 교류의 장이 열리고 다양한 멘토링 프로그램이 제공되는 한편, 창업 우수사례들이 공유되는 만큼 관심을 가져볼 만합니다.

사회적 기업인 세이지코리아www.sagekorea.kr는 코트라대한무역투자진흥공사 등의 후원을 받아 매년 국제청소년창업대회에 나갈 한국 대표를 뽑는 선발전을 개최하고 있습니다.

창업에 관심이 있는 13세 이상의 청소년이 3~8명씩 팀을 이뤄 참가하면 창업에 대해 교육하고 창업 아이디어에 따라 한국 대표로 선발합니다. 한국 대표로 선발되면 해외에서 열리는 국제청소년창업대회에 참가하게 됩니다.